뿌리 없는 광란

사이코 패스

이현수 저

PSYCHOPATH

학지사

인생은 짧고 의술은 길다,
기회는 쏜살같이 날아간다,
경험은 믿어지지 않는다, 그리고
판단은 쉽지 않다.

Hippocrates(BC 460 ~ 377)
고대 그리스 의사 · 의학의 아버지

머리말

2002년 사이코패스에 대한 현대과학적 연구의 기초를 구축한 캐나다 브리티시컬럼비아 대학교(University of British Columbia) 범죄심리학 교수 로버트 헤어(Robert Hare, 1934~)는 "교도소에 수감되어 있는 사람이 사이코패스의 전부는 아니다. 최고경영자나 중역의 사무실에도 있다."라는 말을 남겼다. 이는 그가 미국경찰협회의 초청강연에서 어떤 기자로부터 '사이코패스란 어떤 것인가?' 하는 질문을 받고 그에 대한 대답으로 내놓은 것이다. 그의 간단한 대답에는 여러 가지 의미가 함축되어 있어 사람에 따라 여러 가지 측면에서 생각할 수 있다. 여기에는 우리가 언제 어디를 가도 사이코패스와 쉽게 조우할 수 있다는 의미도 내포되어 있다.

사실상, 사이코패스 인구는 생각보다 많다. 전문가들은 전체 인구의 1%에서 사이코패스의 증후를 감지할 수 있다고 한다. 이는 결코 적은 수가 아니다. 그것은 수량적으로 보면 특정 암 환자 수를 훨씬 능가하는 편이다. 그렇지만 이들은 암 환자처럼 국가에서 받는 사회적 도움을 받지 못하고 있다. 그들은 사이코패스라는 꼬리표가 붙어 있기 때문이다.

사실, 그들은 망상이나 환각을 수반하는 정신병자도 아니요, 자신의 심리적 갈등 때문에 괴로워하는 노이로제 환자도 아니다. 더군다나 그들의 일상생활이 편한 것도 아니다. 그들은 사악한 성격장애자로 낙인찍혀 있다.

그들은 어떻게 분류되어도 공통적으로 부정적 성격 특성이 차지하는 비중이 크다. 흔히 그들을 사기꾼, 거짓말쟁이, 냉정한 사람, 자기 중심으로 행동하는 사람, 임기응변 기술에 능한 사람이라고 본다. 이렇게 보는 것이 틀린 것은 아니다. 부분적으로는 맞다. 아쉬운 것은 그들에게도 긍정적 심리 특성이 있는데 그것을 인정받지 못하고 있다는 점이다. 그들에게도 정상인과 마찬가지로 부정적 특성과 함께 긍정적 특성이 공존한다. 우리 사회와 전문가들은 이런 점에 보다 많은 관심을 가질 필요가 있다.

사이코패스와 관계되는 학문영역은 매우 다양하다. 심리학, 철학, 사회과학, 신경학, 간호학, 육아학, 신경과학, 범죄학, 그리고 법학 등이 그 일부다.

지금 우리에게는 이들이 이룩한 통합된 과학지식 체계는 없고 카고 컬트 사이언티스트(Cargo Cult Scientist)와 카고 컬트 피플(Cargo Cult People)이 주동이 된 굿판이 벌어지고 있을 뿐이다. 이 굿판은 사이코패스의 문제를 해결하는 데 도움이 될 수 없다. 사이코패스에 대한 이해는 과학적 방법으로 이뤄져야 한다. 이와 같은 희망을 가진 사람들을 위해 이 조그마한 책자를 내놓는다. 끝으로 이 책의 출판을 맡아 주신 학지사 김진환 사장에게 사의를 표한다.

2019. 02.

저자 이현수

차례

제1장

사이코패스

사이코패스의 역사적 기록

아리스토텔레스(Aristotles)의 제자 테오프라스토스(Theophrastus, BC 371~287)는 부도덕하고 염치없는 사람을 지칭하기 위해 'unscrupulous'라는 용어를 썼다. 이 용어에는 오늘날 전문가들이 사용하는 사이코패스, 즉 예사로 나쁜 짓을 하는 사람, 부도덕한 사람, 파렴치한 사람, 악랄한 사람을 지칭하는 의미가 내포되어 있다.

사이코패스의 개념은 시대에 따라, 문화에 따라 또 환경에 따라 다르기는 하지만 그것은 인류 문화사에 매우 빈번하게 그리고 지속적으로 등장하고 있다. 그리스와 로마의 신화에서도 사이코패스는 등장할 뿐만 아니라 동서양의 문화사에도 빈번히 등장한다. 이와 같은 사실을 보면 사이코패스의 역사는 인류문화의 역사와 맥을 같이하고 있음을 알 수 있다.

성경에 등장하는 인물 가운데에도 현대인의 감각으로 사이코패스로 진단할 수 있는 사례가 많다. 아우 Abel을 살해한 Cain을 대표적인 사례로 꼽을 수 있다. 세계적 명성을 자랑하는 문학작품에도 사이코패스의 특성을 가진 인물은 등장하였다.

『아라비안 나이트(The Book of One Thousand and One Night)』에 등장하는 샤리야르(Shahryar Ghanbari) 왕, 셰익스피어(William Shakespeare)의 비극에 나오는 리차드 3세(Richard III), 『티투스 안드로니쿠스(Titus Andronicus)』에 소개된 아론(Aaron the Moor), 중국의 고대서사시 『금병매(Jin Ping Mei)』에 등장하는 시민 칭(Ximen Quing), 베르톨트 브레히트(Bertolt Brecht)의 『서푼짜리 오페라(The Threepenny Opera)』에 등장하는 매키스(Macheath), 앤서니 버지스(Anthony Burgess)의 『시계태엽 오렌지(Clockwork Orange)』에 등장하는 알렉스 드라지(Alex DeLarge), 그리고 『양들의 침묵(Silence of the Lamb)』에 등장하는 한니발 렉터(Hannibal Lecter) 등의 행동은 시대가 다르고 문화적 환경이 서로 다르지만 그들의 행동에서 유사한 사이코패스의 특성을 쉽게 발견할 수 있다.

사이코패스는 특정 문화, 특정 사회 그리고 특정 시대의 특정 산물이 아님은 분명하다. 문화가 다르고, 시대가 다르고, 사회적 관습은 달라도 사이코패스의 문화는 존재하였고, 지금도 존재하고 있다. 나이지리아 변방에 가면 'aranakan'이라는 특이한 말을 흔하게 들을 수 있다. 이 말은 주위의 사람을 배려하지 않고, 자기 멋대로 행동하며, 비협조적이며, 악의에 찬 행동을 일삼는 사람에게 붙이는 꼬리표다. 그린란드의 애스커손(Eskoson) 종인 이누이트(Inuit)족 사회에서는 자기의 행동을 통제하지 못하고, 거짓말을 잘하고, 물건을 훔치는 사람의 부류가 있는데 이를 '쿤란게트(Kunlanget)' 족이라고 한다. 이들에게 현대 용어를 사용하면 사이코패스로 이름 붙일 수 있다.

사이코패스의 실체

상당한 교육을 받은 사람에게 사이코패스가 어떤 것이냐고 물었을 때 어떤 대답이 나올까 매우 궁금하다. 사이코패스의 개념은 매우 복잡하고, 다양하고, 난해하다. 그러므로 일반인이나 전문교육을 받은 사람에게서 확실한 대답을 얻기는 어렵다. 자신 있게 대답하는 사람은 카고 컬트 사이언티스트(Cargo Cult Scientist)요, 그것을 믿는 사람은 카고 컬트 피플(Cargo Cult People)이다. 카고 컬트 문화의 말잔치에 지나지 않는다.

이러한 현상까지 몰고 온 것은 무엇보다도 건전성이 결여된 지식을 앞세운 카고 컬트 사이언티스트와 그들을 앞세운 대중매체이다. 일반 매체에서 다루는 사이코패스는 극히 단편적이고 부정적인 면에 역점을 두고 있다. 전문가들도 부정하기 어려운 점을 사실인 것처럼 주장한다. 사이코패스라는 용어가 잘못 쓰여지고 있다. 그 책임은 건전성이 결여된 매체뿐만이 아니다. 설익은 지식인이나 잘못된 교육을 받은 사이비 전문가들의 책임도 크다. 사이코패스라는 말은 단편적으로, 또 과학적 근거 없이 널리 사용되고 있다. 사이코패스를 살인자, 사기꾼, 범법자로 보는 견해가 지배적이다. 물론 이들이 사이코패스가 아니라는 뜻은 아니다. 사이코패스라는 용어에는 보다 광범위하고 이색적이며 부정적 의미가 포함되어 있다.

사이코패스에 대한 정의는 매우 다양하고 이질적이다. 명성이 높은 사전들에서도 공통된 정의를 발견하기가 쉽지 않다. 사이코패스를 광인, 미치광이, 괴짜, 정신병자 등으로 서로 다르게 정의하고 있다. 사이코패스를 정신병 혹은 정신장애의 한 부류로 정의하는 책들도 있다. 보다 불행한 것은 사이코패스와 정신병을 구분하지 않고 교차적으로 사용하고 있다는 점이다. 이 점에 대해서는 이 책에서 보다 자세히 설명하겠지만 사이코패스와 정신병은 엄격하게 구분되어야 한다. 사이코패스는 정신병과 근본적으로 다르다. 정신병에는 망상이나 환각과 같은 증후가 수반되지만 사이코패스에는 이런 증상이 전혀 수반되지 않는다. 그래서 이 책에서는 사이코패스를 '뿌리 없는 광란'이라고 이름 붙였다.

현대 정신의학의 창시자이자 프랑스 의사 필리프 피넬(Phillippe Pinel, 1745~1826)은 1801년 그의 한 저서 『섬망을 수반하지 않는 광란(Insanity Without Delirium)』에서 사이코패스를 지적 문제가 전혀 없는 상태에서 잔인하고 빈번하게 반사회적 행동을 하고, 약물을 복용하거나 알코올에 중독되고, 책임감이 없으며, 그리고 도덕적 관념이 없는 사람이라고 정의하였다. 그는 마음과 지능의 혼란을 수반하지 않는 상태를 '도덕광'이라 부르고, 이를 정신병적 행동과 엄격하게 구분하였다.

질병으로서의 사이코패스

프랑스 의사 피넬이 처음으로 사용한 섬망을 수반하지 않는 광란은 오늘날 우리들이 정신병적 개념으로 사용하는 사이코패스의 기초다. 정신병적 개념으로서의 사이코패스는 1800년대 후반에서 1900대년 초반까지 미주와 유럽에서 널리 활용되었다.

- 미국의 정신건강의학과 의사 벤자민 러쉬(Benjamin Rush, 1745~ 1813)는 피넬의 증후기술체계에 따라 사이코패스의 개념을 기술하였는데 거기에는 마음의 이상이라는 뜻이 담겨져 있다. 다른 한편, 사이코패스라는 개념에 도덕적 개념의 장애도 포함되어 있다.
- 제임스 프리처드(James Prichard, 1786~1848)는 모든 질병은 정신병에서 발생하여 비지적 이상이 큰 비중을 차지한다고 한다. 그는 정신장애를 패덕광 혹은 도덕적 은둔성이라고 표현하는데 여기에는 정동장애가 큰 비중을 차지한다. 율리우스 코너(Julius Koch, 1872~1902)는 정신병적 열등성이라는 용어로 사이코패스를 기술하고 있으며 그들의 행동 특성은 평생 변하지 않는다고 주장하고 있다.
- 체사레 롬브로소(Cesare Lombroso, 1835~1909)는 법의학자로서 현대 범죄학의 기초를 닦은 사람이다. 그는 반사회적 행동을 하는 사람을 천치라고 불렀다. 천치는 죄의식이 없고, 공격적이고, 충동적이며, 사회적 비판에 관심이 없고 신체적 고통에

무감각하다. 반사회적 행동자는 정신병자와 같이 사회적 질서 유지를 위해서 수용소에 수감되어야 한다는 것이 롬브로소의 주장이다. 또 그의 주장에 의하면 범죄자나 정신병자의 대다수가 왼손잡이일 뿐만 아니라 정상인에 비해 뇌의 우반구가 우세하다고 한다. 이와 같은 주장은 정신장애의 기질적 기반을 제공한 것이다.

- 카를 비른바움(Karl Birnbaum, 1878~1950)은 독일의 생물의학자다. 그는 모든 질병을 뇌기능의 장애현상으로 간주한다. 사이코패스도 뇌기능의 저하에서 그 원인을 찾을 수 있다. 카를 야스퍼스(Karl Jaspers, 1883~1969)는 정신병질 성격을 심리적 발달의 손상, 정상 성격의 양적 변화로 생각하였다. 그는 정신생활의 변화를 질적인 것으로 생각한다.

- 유진 브로이어(Eugen Bleuer, 1857~1939)는 정상 성격과 이상 성격 사이에는 선천적으로 결성된 심리적 일탈 현상이 존재한다고 주장하였다. 이와 같은 현상은 유전적 특성의 비중이 크게 작용한다. 쿠르트 슈나이더(Kurt Schneider, 1887~1967)에 의하면 사이코패스는 일종의 성격장애로 그들은 자신의 유전적 특징과 환경으로부터 받는 고통을 지나치게 호소하는 경향이 있다.

- 조지 패트리지(George Partridge, 1740~1828)는 미국의 한 교사로 사회병질자라는 용어를 최초 도입하였다. 그의 주장에 의하면 사회병질자는 여러 가지 특성이 있다. 사회화 수준이 낮아 사회적응이 매우 어렵고 아동기의 성장도 매우 느리다. 그들의 발달 수준은 구순기에 고착되었다. 많은 욕구가 충족되기를

원하고 그 욕구가 충족되지 않으면 심하게 신경질을 부리며 분노를 폭발한다. 사이코패스에는 여러 가지 특성이 있다. 사회적응이 곤란하고 죄의식이 없으며, 판단력이 떨어지고, 충동적으로 행동하며, 학습을 통해서 새로운 것을 학습할 능력이 크게 떨어진다.

• 데이비드 헨더슨(David Henderson, 1740~1823)은 사이코패스의 특성으로 다음과 같은 특성을 든다. 지나치게 공격적이며, 피동적으로 행동한다. 한편, 창의성이 부족하고 있는 사실을 그대로 수용하지 않는다. 집단 구성원과 함께 어울리지 못하고 독자적으로 생활을 즐긴다. 가족이나 친구에게 좋은 감정을 가지지 못하고 정서적으로 미숙하다. 때로는 매우 매력적으로 행동한다.

사이코패스와 정신병을 같은 질병으로 보는 사람이 많다. 사실, 사이코패스는 정신병과 크게 다르다. 사이코패스와 정신병이 공존하는 사례도 있으나 밀접한 관계가 있는 것은 아니다. 그러므로 실제 진단 분류과정에서는 이 점에 특별히 주의할 필요가 있다. 자칫 잘못하면 사이코패스가 정신병으로 혹은 정신병이 사이코패스로 잘못 진단되는 사례가 흔하게 나타난다.

사이코패스와 정신병이 다르다는 사실은 여러 가지 객관적 자료에 의해서 입증되었다. 사이코패스와 조현병의 차이는 뇌파에도 잘 나타난다. 로버트 헤어(Robert Hare, 1934~)는 정상인, 사이코패스, 그리고 조현병을 가진 사람의 뇌파를 측정하고 그 결과를 비교하였다. 정상인과 조현병을 가진 사람의 뇌파는 크게 다르지 않았으나 사이코패스와 조현병을 가진 사람의 뇌파는 크게 다르다는 사실이 밝혀졌다. 반대로 사이코패스와 조현병을 가진 사람의 공통점도 발견되었는데 사이코패스와 조현병을 가진 사람 모두 공통적으로 충동적 행동을 결심한다는 점이다. 이를 통해 사이코패스와 조현병을 가진 사람 둘 다 반응체계의 협화기능이 크게 떨어진다는 사실이 발견되었다.

성격장애와 반사회적 행동

사이코패스는 성격장애의 한 진단요람으로 1952년 이래 지속적으로 연구 개발되어 오늘날에 이르고 있다. 1952년 미국 정신의학회는 『정신질환 진단 및 통계 편람(Diagnostic and Statistical Manual of Mental Disorders: DSM, 이하 DSM)』에서 사회병질 성격장애라는 진단용어를 사용하였다. 이 진단요람에는 반사회적 반응, 비사회적 반응, 그리고 성적 일탈과 같은 하위유목이 포함되었다. 1968년 미국 정신의학회는 정동특성과 행동 특성을 통합하여 반사회성 성격장애라는 새로운 진단명을 사용하였다.

1980년 미국 정신의학회는 반사회성 성격장애를 구성하는 정동 특성이 배제된 반사회성 성격장애라는 용어를 사용하였다. 이 용어는 곧 성격장애라는 진단용어로 대치되었다. 1994년 미국 정신의학회는 『DSM-IV』(4판)에서도 성격장애라는 진단용어를 사용하였다. 성격장애라는 진단용어는 개정된 2013년 『DSM-5』(5판)에도 그대로 등장하였다. 『DSM-5』에서 사용된 성격장애는 10개의 하위증후군을 세 그룹으로 분류하여 보다 체계적인 분류를 시도한 것이 특징이다.

사이코패스와는 크게 다르지 않은 용어로 반사회성 성격장애라는 용어가 쓰인다. 행동증후는 물론 다른 기능의 측면에서 사실상 이들은 분명히 다르지 않고 여러 가지 특성이 서로 중복되는 바가 많다. 하지만 이 두 개념은 조작적 의미에서나 경험적 측면에서 보면 분명히 서로 다르다.

이 두 개념이 갖는 차이에 대하여 논쟁에서 밝혀진 바를 살펴보자. 조작적 측면에서 보면 반사회성 성격장애는 만성적으로 사회적 규범을 어긴다(거짓말을 하고, 물건을 훔친다). 후회를 하지 않는다. 이와는 대조적으로 사이코패스는 반사회적 행동은 물론 자기중심적으로 행동하며 동정심이 없다. 다시 말하면, 반사회성 성격장애는 빈번하게 반사회적 행동이나 범죄행동을 한다. 이와 달리 사이코패스는 성격 특성이 분명하게 나타난다. 유목적 측정결과를 보면 사이코패스와 반사회성 성격장애는 중복되지 않는다.

범죄자로 교도소에 수감된 반사회성 성격장애는 사이코패스보다 3배가 더 많다. 최근의 연구결과를 보면 반사회성 성격장애와 사이코패스의 정동 특성은 크게 다르다는 점을 알 수 있다. 이런 특징은 뇌의 구조에서도 잘 드러난다.

반사회성 성격장애와 사이코패스라는 용어의 혼란은 현재로는 피하기 어렵다. 설상가상으로 사회병질이라는 용어가 등장하면서 그 혼란은 더 심화되었다. 사회병질은 장애를 유발하는 환경적 영향을 경감시킬 수 있다.

　오늘날 사이코패스와 사회병질은 매우 자연스럽게 교차 사용되고 있다. 하지만 엄격하게 따지고 보면 사이코패스는 일차적으로 유전적 특성에 의해 결정된 반사회적 행동이다. 사회병질은 일차적으로 사회적 환경에 의해서 결정된 반사회적 행동으로 구별해서 사용할 필요가 있다. 아직도 만성적인 반사회성 성격장애의 행동 특성을 기술하기 위해 사회병질이라는 용어가 선호되기도 한다.

　여기서 사회병질이라는 용어는 정신의학이나 심리학에서 인정받은 공식 용어가 아닌 점은 분명하다. 여기서 사이코패스와 반사회성 성격장애는 의미상으로 서로 중복되는 점이 많다. 하지만 두 용어가 꼭 같은 것은 아니다. 더 나아가서 사이코패스는 허비 클렉클리(Hervey Cleckley, 1903~1984) 등이 주장하는 정동적 결합이나 대인관계의 결합과는 동일한 의미로 사용될 수 없다.

　사이코패스는 심한 폭행을 한다. 이와 같은 일반적 평가는 객관적 자료를 사용한 전문가들의 연구결과와 크게 다르지 않다. 전문가들의 연구에서도 사이코패스의 몇 가지 특성이 밝혀졌다. 사이코패스는 폭력을 행사하고 공격적이다. 또한 재범 경향이 높다. 이와 같은 사실은 살인자와 강도의 생활에서 입증되고 있다. 정신병적 살인자라는 용어는 문외한들이 사용하는 것과 크게 다르지 않다. 사이코패스는 폭행과 범죄 유발 가능성이 높기는 하지만 실제 신체적 공격과 같은 행동을 한 사례는 그렇게 많지 않다. 더 나아가서 그러한 범죄 행동을 전혀 하지 않고 사회생활에 크게 성공한 사례도 있다.

　사이코패스는 반드시 어떤 목적을 가지고 공격적 행동을 한다고 잘못 생각하는 경우가 많다. 어떤 목적 달성을 위한 공격적 행동은 방어를 목적으로 한 공격적 행동과는 다르다. 사이코패스와 목적 달성을 목적으로 하는 공격성과는 깊은 관계가 있기는 하나 사이코패스가 반드시 어떤 목적을 달성하기 위해 공격적으로 행동하는 것은 아니다. 사이코패스는 기분에 따라 공격적으로 행동하는 수도 있다.

'성공한' – '실패한' 사이코패스

지금까지 사이코패스는 어떤 것이고 그것은 반사회적 성격이나 사회병질과는 어떤 관계가 있는지에 대해 살펴보았다. 하지만 사이코패스의 참모습이라고 내세울 만한 특징을 찾아 기술하지 못했다. 사이코패스의 실체는 정확하게 알려진 것이 그렇게 많지 않다. 불행하게도 그들의 부정적 특성이 그들의 참모습인 것처럼 알려져 있을 뿐이다. 사이코패스는 폭행범, 살인자, 거짓말쟁이, 범법자, 약물복용자 등을 지칭하는 것으로 이해되고 있다. 사이코패스 중에는 이런 부류의 사람이 많은 것은 사실이나 그들에게 이런 부도덕적 특성만 있는 것은 아니다. 그들에게는 밝은 측면도 많이 있다.

양심은 인간의 심층세계에 깊이 뿌리를 내리고 있다. 이는 인간의 다른 기능, 예를 들면 지능, 감정, 정서보다 더 큰 의미를 갖는다. 클렉클리는 오랫동안의 임상경험을 통해 책임감이 없고 자기파괴의 특성이 있는 집단을 발견하고 이들을 사이코패스로 진단 분류하였다.

사이코패스에도 정상인이 갖는 것과 같은 바람직한 성격 특성이 있다. 그들에게는 큰일을 하고 싶다는 강한 욕구가 있다. 이와 같은 욕구는 정상인이 갖고 있는 것과 크게 다르지 않다. 사이코패스는 이성에 대한 욕구가 매우 강하다. 이것도 정상인의 이성에 대한 매력과 크게 다르지 않다.

정신병은 치유될 수 없다는 것이 클렉클리의 주장이다. 그것은 정동의 결함 때문이라고 그 이유까지 밝히고 있다. 사실, 사이코패스는 깊은 정서적 경험을 하지 못한다. 그들은 자괴적이고 괴상한 정서적 경험을 스스로 즐기고 있다. 정상인이 느끼는 수치심 같은 것이 전혀 없다. 사이코패스는 남의 큰 불행을 일시적이고 가벼운 생활 경험으로 생각하고 넘기는 버릇이 있다.

우리 사회에는 사이코패스의 특성을 가졌지만 명망이 높은 의사, 많은 불우한 사람을 위해 사회공헌을 하는 사업가, 그리고 국가의 번영을 위해 일하는 정치가도 많이 있다. 이들을 성공한 사이코패스라고 한다. 이들과는 대조적으로 범죄를 일삼는 사이코패스도 있다. 이들을 흔히 성공하지 못한 사이코패스 혹은 실패한 사이코패스라고 부른다.

사이코패스를 현대생활의 압력에 의해 태어난 새로운 인간 집단으로 보는 주장도 있다. 이들은 사이코패스를 가공적인 임상적 유목보다는 일반적 성격 특질로 분류하는 것이 바람직하다고 주장한다. 다시 말해, 사이코패스는 특이한 성격의 한 유형으로 인정되어야 한다는 것이 그들의 주장이다.

사이코패스는 영원한 비밀에 싸인 삶을 추구한다. 불행하게도 이와 같은 비밀에 싸인 삶은 영원히 지속되지 못한다. 사이코패스는 주기적으로 추잡하고 타락한 세계를 찾아 그곳에서 휴식을 취하고 싶은 욕구가 강하다. 이는 결코 이상하지 않다. 정상적인 생활인이 아름다운 경치를 찾아 그곳에서 휴식을 취하고 싶은 욕구와 크게 다르지 않다.

사이코패스는 정상인과 크게 다르지 않다. 다만, 영혼이 빠진 존재일 뿐이다. 놀랍게도 그들은 가장 효능이 뛰어난 기계를 만든다. 그들은 명석한 두뇌로, 학문적 저술을 내기도 한다. 그들은 정서적 언어도 모방할 수 있다. 그러나 그것은 그의 행동과 어울리지 않는다. 불행하게도 그들은 망상에 빠져 타락한 인간의 삶을 동경하기도 한다. 사이코패스와 반사회적 성격을 혼동하기 쉽다. 이는 두 용어가 교차적으로 통용되고 있기 때문이다. 이상하게도 두 용어는 서로의 용어를 이해하는 데 도움을 주고받는다.

사이코패스에게는 정상인에서 발견될 수 없는 양심이나 감정이 있다.' 그들의 양심과 감정은 개인의 미래와 타인에 대한 추상적 개념과 관계가 있다. 이는 시간과 공간을 의미한다. 우리에게는 공포, 동정, 애정, 슬픔과 같은 정서가 있다. 이는 과거의 경험을 바탕으로 미래를 추상적으로 상상하는 것을 의미한다. 우리는 남들의 반응을 예언할 수 있다. 시간이 지나고 장소가 달라졌지만 동일한 역동관계를 중심으로 지난 일과 환경을 회상할 수 있다. 불행하게도 사이코패스에게는 이러한 기능이 결여되어 있다. 그들에게는 자아와 타아를 직접 연결시키는 지능이 없다. 하지만 감정은 모방할 수 있다. 그것은 현실적인 탐익적 기감에 불과하다. 그는 욕구와 사랑을 동일시하지만 자기가 전혀 사랑을 받지 못했던 감정과 크게 다르지 않다. 그의 욕구의 본질은 사이코패스의 기감임이 틀림없다. 그들의 모든 충동은 이와 같은 성질의 것이 아닌가 가정해 볼 수 있다.

사이코패스와 자애주의자는 약탈자와 같다. 약탈자와 포획자의 상호 관계에서 사이코패스의 이면에 숨겨진, 즉 건강의 가면에 포장된 참모습이 어떤 것인지를 유추해 볼 수 있다. 약탈자인 동물은 먹이를 얻기 위해 온갖 행동을 취한다. 이와 같이 사이코패스는 외모를 위장하기 위해서 거짓말도 하고 사태를 조작하기도 한다. 이는 곧 자신의 먹이와 동화하기 위해서다.

여기서 우리는 중요한 문제에 직면하게 된다. 즉, 사이코패스가 상대방으로부터 얻고자 하는 것은 무엇인가? 이들은 거짓말을 하고 사태를 조작함으로써 금품과 권력을 얻을 수 있다. 사랑이나 우정은 쉽게 얻어지는 것이 아니다. 이는 다른 사람에게 고통을 줌으로써 자기 자신을 즐겁게 하는 것에 불과하다. 정상인은 다른 사람이 행복해지는 것을 보면 즐겁고, 스스로 행복해지는 것과 상반되는 현상이다.

고양이는 같이 놀던 쥐를 잡아먹고도 그 쥐를 가엽게 생각하지 않는다. 왜냐하면 쥐는 재주를 부림으로써 고양이를 즐겁게 해 주었다고 생각하기 때문이다. 고양이는 쥐의 재주 때문에 전혀 고통을 받았다고 생각하지 않는다. 그러므로 전혀 죄의식을 느끼지 않는다. 쥐는 죽고 고양이는 죽은 쥐를 먹는다. 이것이 매우 자연스러운 현상이다. 그러나 사이코패스의 세계는 다르다. 사이코패스는 자기가 만든 희생물을 먹지 않는다.

신세대의 사이코패스

　신세대 사이코패스의 특성은 구세대의 전통적인 사이코패스의 특성과 크게 다르다. 이와 같은 차이를 인디고 아이들(Indigo Children)의 사례에서 찾아보자. 이 사례들은 낸시 앤 태프(Nancy Ann Tappe)의 저서 『색채를 통해서 본 너의 생활의 이해(Understanding Your Life through Color)』(1982)에 소개되었다. 이 사례의 자료는 얀 토버(Jan Tober)가 아이들의 면접을 통해서 얻은 것들이다.

　인디고 아이들은 비정상적인 초능력을 가지고 있다. 이 아이들 가운데에는 교장이나 부모를 살해한 경험을 가진 아이들도 있다. 면접을 마친 토버(Tober)는 그 아이들에 대해 그들이 정신적 정복자이고, 지혜가 충만한 아이들로서 새로운 삶이 어떤 것인가를 일깨워 주었다고 평가하였다.

　웬디 채프먼(Wendy Chapman)은 거짓말은 적응에 도움이 된다고 말한 바가 있다. 인디고 아이들에게 나타나는 심리적 특성을 수집, 발표하였다. 중요한 특징은 다음과 같다.

- 자존심이 강하다
- 교사나 어른과 가까이하기가 쉽지 않다. 명령이나 지시에 따르지 않는다.
- 줄서 기다리기가 어렵고, 참을성이 부족하다.
- 자발성이 결여된 관행을 따를 때 좌절감을 느낀다.
- 보다 좋은 생활습관을 발견하지 못한다.

- 비협조적으로 행동한다.
- 비행에 따르지 않고 보다 나은 길을 찾는다.
- 맡은 일을 하다가 쉽게 싫증을 느낀다.
- 창의적이다 .
- 쉽게 안절부절못한다.
- 직관력을 발휘한다.
- 냉정한 사람에게도 동정을 베푼다.
- 추상적 사고를 한다.
- 선천적 지적 수준이 높다.
- ADHD가 의심되기도 한다.
- 공상 능력이 뚜렷하다.
- 만사를 냉철하고 지혜롭게 판단한다.
- 분노표출이 심하다.
- 자신의 발견을 위한 타인의 지지를 필요로 한다.
- 다른 사람들과 함께 즐길 수 있는 세계 변화를 희망한다.

앞에 소개한 증후들은 정신병적인 것은 물론 천재의 행동과 유사한 것이 많다는 점에 특별히 유의할 필요가 있다.

사이코패스 – 다시 생각한다

　현대 사이코패스에 대한 정의는 미국 정신의학회의 DSM에 따르고 있다. DSM에서는 사이코패스를 반사회성 성격장애로 규정하고 그에 따른 여러 가지 임상적 증후를 수록하고 있다. 반사회성 성격장애는 자아 통제가 불가능하고, 충동적으로 행동하며, 대인관계에 큰 문제가 있다고 규정하고 있다. 또 가장 정도가 심한 것은 연쇄살인자로 그들이 최종 정착할 곳은 교도소라고 명시하고 있다. 이와 같은 사이코패스의 임상적 증후는 그들 세계의 한 측면에 불과하다.

　이제 그들의 또 다른 임상적 증후에 관심을 가질 필요가 있다. 한 가지 사실을 보자. 자기 통제 불가능이 우리가 알고 있는 것같이 부정적 기능만 있는 것이 아니라 긍정적 기능도 공존한다. 이제 우리들은 이 사실을 이해할 필요가 있다. 우리 주변에서 일어나고 있는 모든 현상은 양면이 있다. 선한 것과 악한 것은 공존한다. 한 개인의 행동에도 양면성이 있다. 사이코패스의 주요 임상적 증후, 예를 들면 감정이 결여된 것, 충동적으로 행동하는 것, 이것은 분명 우리 생활 규범에서는 부정적 특성이다.

　사이코패스의 행동에도 긍정적인 것과 부정적인 것이 공존한다. 이런 관점에서 사이코패스의 행동은 재평가되어야 한다. 지적 수준이 높은 사이코패스에게는 주위에서 일어나는 비정상적 문제를 성공적으로 해결하는 초법적 재주가 있다. 극심한 정서적 위급 상황에 놓인 사람을 성공적으로 탐지하는 탁월한 기능이 있다. 예를 하나 보자. 불법 물질을 가지고 비행기에 탑승한 승객은 그 사실이 발각되지나 않을까 심한 정서적 혼란을 겪게 되고 안절부절못한다. 이러한 승객을 정확하게 검출할 수 있는 능력을 가진 사람이 사이코패스다. 그들은 생활인의 얼굴 표정을 정확하게 읽을 수 있다.

감정적 기능과는 별개의 기능으로 생각할 수 있다. 사이코패스는 동정심이 부족하고 정서적으로 예민하지 못하다. 이와 같은 특성은 분명 부정적 특성이다. 하지만 이런 사이코패스의 특징은 집도하는 외과의사에게는 매우 바람직한 특성이다. 정서적으로 예민하고 동정심이 많은 의사에게는 성공적 수술 효과를 기대하기가 좀 어렵다는 것이 전문가들의 주장이다.

사이코패스와 성직자 사이에는 놀라울 정도의 유사한 특징이 있다. 그렇다고 성직자와 사이코패스를 동일시하는 것은 금물이다. 불자의 최고 목표는 마인드풀 상태를 성취하는 것이다. 마인드풀 상태는 오직 현재 이 순간에 정신을 집중하는 수도의 한 형태다. 이를 성취하기 위해 그들은 수년에 걸쳐 수련을 쌓는다. 하지만 사이코패스는 그러한 훈련을 쌓지 않고도 불자들이 여러 해에 걸쳐 이르게 되는 마인드풀 상태에 이른다. 그들은 이러한 수련을 거치지 않고도 마음의 평정을 지켜 나간다. 이것은 유전적인 소산으로 간주된다.

케빈 더턴(Kevin Dutton)의 주장에 귀를 기울일 필요가 있다. 성직자의 특성과 사이코패스의 특성은 많이 중복된다. 중요한 것은 이들에게는 경험의 공개성이라는 공통된 특징이 있다. 많은 현대인은 물질적 부를 실컷 누리면서 불편한 정신생활을 한다. 그들은 자기는 스트레스 속에서 생활하며 한시도 마음이 편하지 않다고 전문가의 도움을 청한다. 아울러 그들은 지난날의 생활이 후회스럽고 미래의 생활이 암담하게만 느껴진다고 토로한다. 한시도 반시도 마음이 편치 못하다는 컴플레인이다.

놀랍게도 사이코패스의 생활에서는 이러한 어두운 면이 없다. 왜냐하면 그들은 그러한 문제를 효과적으로 극복할 수 있기 때문이다. 사이코패스가 없는 사회를 기대해도 되는가? 전문가들은 다시 비관적 반응을 보인다. 이들의 주장을 뒷받침하는 미시간대학교 사회문제 연구소(Institute of Social Research)의 사라 콘라스(Sara Konrath) 연구팀의 조사 결과를 보자.

연구자들은 대학생 14,000명을 대상으로 대인반응 지표(Interpersonal Reactivity Index)를 사용해서 자신의 동정심 수준을 평가하도록 하고 그 결과를 1979년에 실시한 결과와 비교하였다. 연구자들은 대학생들의 동정심 수준이 점차적으로 떨어진다는 사실을 발견하였다. 전체적으로 동정심 수준이 1979년 이후 40년 동안 40% 이상 떨어졌다는 사실을 발견하였다. 대학생 가운데 사회적 규범을 어기고 다른 사람의 감정을 생각하지 못하는 대학생 수가 날로 증가하고 있다는 사실도 발견하였다. 이는 곧 대학생의 사이코패스 특성 수준이 지속적으로 높아지고 있음을 나타내는 의미 있는 자료로 생각할 수 있다.

이와 같은 주장을 뒷받침하는 또 다른 자료를 보자. 샌디에고 대학교의 장 트웬지(Jean Twenge) 교수의 연구결과를 보면 전체적으로 대학생들의 사악한 성격, 예를 들면 자기중심의 성격 특성이 크게 증가하고 있다고 한다.

프랑스의 의사 피넬 이후 클렉클리, 캐나다의 심리학자 헤어의 꾸준한 연구로, 사이코패스는 이제 우리들의 관심의 중심에 서 있다. 불행하게도 우리들의 관심은 대부분이 사이코패스의 부정적 측면들이다.

사이코패스는 법을 어기고, 신용이 없고, 자기 본위로 행동하고, 냉정하고, 그리고 충동적으로 행동한다. 그보다도 더 크게 잘못된 것으로 인식된 사례도 있다. 사이코패스를 미치광이로 보고 이 세상에서 가장 흉악한 존재로 본다. 연쇄살인범으로 교도소에서 삶을 마감하는 존재로 알려졌다. 물론 이러한 특성은 사이코패스에게서 흔히 볼 수 있다. 다만, 그것은 사이코패스의 한 면만을 기술한 것에 불과하다는 점을 알아야 한다.

우주의 모든 존재는 양면으로 구성되어 있다. 도덕에는 선과 악이 있고, 개인의 성격에도 좋은 점이 있는가 하면 나쁜 점도 있다. 나쁜 점이 반드시 부정적인 것만은 아니다. 그것에 좋은 의미가 내포되는 경우도 많이 있다. 양면성의 역사는 고대 로마시대의 종교와 신화에도 많이 기록되어 있다. 야누스(Janus) 신을 생각할 수 있다. 그에게는 두 개의 얼굴이 있어 과거와 미래를 볼 수 있다. 그래서 야누스는 과거와 미래를 보다 많이, 그리고 정확하게 볼 수 있었다. 그 신의 얼굴이 하나였다면 세계에서 일어나는 현상의 단면만을 보았을 것이다.

지금까지 사이코패스에 관심을 갖은 사람들의 대다수는 사이코패스 세계의 한 측면, 더 정확하게는 부정적 세계만을 보고 곧 사이코패스의 전체 참모습으로 단정지었다. 사이코패스라고 해서 부정적 특성만을 가진 것은 아니다. 그들에게는 지금까지 우리에게 알려진 부정적 측면과 함께 긍정적 측면도 있다. 불행하게도 그것들은 오랫동안 연구자들의 관심의 대상이 되지 못했을 뿐이다. 이 드러나지 않은 사실이 밝혀질 때 사이코패스의 정체가 보다 확실하게 나타날 것이다. 마크 올리버(Mark Oliver, April 22, 2016)가 밝힌 사이코패스의 긍정적 특성에는 이런 것들이 있다.

사이코패스는 유전이다

사이코패스는 어떤 장애 혹은 성격 특성이 결합된 산물이다. 이것은 결정적 사실이 아니다. 이에 대한 논쟁은 지금도 계속되고 있다. 우리는 사이코패스가 트라우마에 기인한 것인지 신경학적 손상의 산물인지 아직 확실하게 알지 못한다. 모든 자료를 검토해 보면 IQ가 높은 사이코패스는 자신의 특성을 교묘하게 은폐한다는 것을 알 수 있다. 정서적 반응의 특성을 찾기 위해 신경학적 검사를 해도 어떤 이상한 반응은 탐지되지 않는다.

머리가 좋은 사이코패스는 동정심을 거짓으로 위장 표출한다. 그러므로 CEO 중에서 사이코패스가 차지하는 비율이 얼마나 되는지, 그 원인이 어디에 있는지는 확실하게 파악되지 않는다. 그 원인으로 진화의 우월성을 주장하는 사람도 있다.심리학적 이론보다는 게임이론에서 보면 거기에는 많은 의미가 내포되어 있다.

사이코패스는 진화에 있어서 여러 가지 우월성이 있다. 이것은 사실이다. 그들은 더 나아가서 매력으로 이성을 유혹한다. 이는 후손을 번식하는 수단으로 작용한다. 사이코패스의 결여된 동정심은 여러 가지 행동을 선택하는 데 도움이 된다. 동물적으로 행동하는 사람은 보다 많은 교제의 기회를 갖게 된다. 동정심의 수준이 낮은 사람은 보다 많은 업적을 이룰 수 있는 기회를 얻을 수 있다. 사이코패스 부모에게서 태어난 후손은 사이코패스가 되는 기회가 더 많이 주어진다. 하지만 사이코패스의 유전설과 환경설 가운데 어떤 것이 더 우세한지는 아직 확실하지 않다.

사이코패스는 자신의 정체를 드러내지 않는다

CEO 중의 4%에서는 높은 사이코패스 기질이 탐지된다. 하지만 이것은 지나치게 과소평가된 결과다. 많은 CEO 후보자는 사실의 진술을 왜곡한다. 이와 같은 사실은 그들에 대한 심리검사 결과에서 잘 나타난다. 그들에게 성격검사를 했을 때 허위진술을 하지 않은 사람이 없다. 이와 같은 사실을 감안하면 사이코패스 중에서 CEO가 차지하는 비율은 크게 높아질 수 있다.

보다 유능한 외과의사

보다 훌륭한 기술로서 사람의 생명을 구하는 것이 외과의사이다. 의료 장면에서 보면 사이코패스의 기질이 높은 의사가 외과를 지망한다고 한다. 같은 동료들도 이와 같은 사실에는 크게 놀라지 않는다. 의학 교과서에도 분명하게 기술되어 있다.

의사에게 동정심은 매우 중요하다. 하지만 현실적으로 동정심 때문에 직업적 수행 기능이 손상받는 사례가 많다. 아이를 안고 응급실을 찾아온 부모가 아이의 생명을 구제해 달라고 애원했을 때 의사의 신경은 과민해지기 마련이다. 하지만 그 의사는 집도를 주저하지 않는다. 이것이 곧 동정심의 결여와는 거리가 멀다. 일반 부모들의 입장에서 의사를 어떻게 볼까? 동정심의 결여로 보지 않을 것이다.

군은 사이코패스를 선호한다

군은 사이코패스 수준이 높은 병사를 선호한다. 많은 고급 지휘관은 사이코패스 기질이 높은 병사를 선호한다. 왜 그럴까? 일반 회사에서는 사이코패스 특성 수준이 높은 사원이 우수한 관리자가 된다는 사실을 알고 있기 때문이다. 일반 기업체에서 사이코패스 특성이 높은 관리사원은 자기와 유사한 성격 특성을 가진 사람의 부서에 배치되었을 때 작업능률이 크게 향상된다. 이와 같은 사실은 현장연구에서 확인되었다.

동정심의 결여 그 자체는 군 지휘관으로는 바람직하지 못하다. 하지만 거기에 긍정적인 측면이 있다. 사이코패스 기질 수준이 높은 지휘관은 과감성이 있다. 그들의 결심은 효과적인 전투 기능을 진작시킨다. 군에서는 여러 면에서 사이코패스의 특성을 가진 병사를 선호한다. 왜냐하면 동정심이 많은 병사는 위험에 직면한 부대의 위험을 방어할 능력이 없기 때문이다. 다시 말하자면, 주저하는 병사는 전체 부대를 위험에 빠트릴 뿐만 아니라 자신을 위험에 빠트리게 할 수도 있다. 이를 아는 군 지휘관은 사이코패스 성향이 높은 병사를 선호하지 않을 수 없다.

사이코패스 중에는 성공적 사업가가 많다

사이코패스는 자신의 사업을 성공적으로 경영한다. 정상 기업인에게는 몇 가지 결함이 있다. 회사원을 선발할 때에 실수하는 경우가 적지 않다. 동업자를 구할 때에도 사이코패스 기질이 농후한 사람을 감별해 내지 못한다. 상대방의 인상을 정확하게 읽어 내지 못하고, 설득하지도 못한다. 마감 시간이 촉박해 오면 안절부절못한다.

사이코패스는 정상 기업인이 어렵게 느끼는 일을 보다 자연스럽게 처리해 간다. 따라서 기업 내의 어려운 일을 성공적으로 수행할 수 있다. 사이코패스는 어려운 일에 직면하면 곧 지루감에 빠지는데 이러한 습관은 사업가에게 도리어 큰 도움이 된다.

정상 기업인은 어려운 일에 직면하면 그것을 해결하기 위해 동일한 방법으로 지루하게 계속 되풀이한다. 이와 달리 사이코패스는 지루한 생각이 들면 그것을 포기하고 새로운 아이디어를 찾는다. 이것이 보다 생산적인 일의 해결 방법이고 이로써 생산성을 높인다.

멋지고 매력적인 사이코패스 기질이 있는 종업원 가운데에는 풍부한 새로운 아이디어를 가진 사람이 많다. 그들은 자기의 일을 보다 효과적으로 수행해 나간다. 이들은 다른 동료들의 경쟁을 뿌리치고 중역사원의 대열까지 보다 일찍 승진할 수 있다. 전체 인구의 100명 가운데 1명은 사이코패스로 추정된다. 관리자의 경우 그 수는 세 배나 더 많다. 100명 가운데 3명이 사이코패스로 추산된다. CEO의 경우 그들 가운데 4%가 사이코패스로 추산된다. 이와 같은 사실은 사업장에서 실증적 자료로 입증된 것도 많이 있다.

사이코패스는 창의성이 풍부하다

사이코패스는 보다 창의적인 예술 작품을 만들어 낸다. 또 과학적 탐구 수준도 높다. 어느 사이코패스 범죄자가 자기는 사이코패스이기 때문에 보다 나은 예술품을 창작해 낼 수 있고, 보다 창의적인 생각을 할 수 있다고 고백한 사실이 있다. 자기가 하고자 원하는 것과 사회적으로 수용될 수 있는 것을 만들어 내는 데에는 높은 창의성이 뒷받침되어야 한다. 정상인은 자기가 원하는 것이 사회적으로 수용되어야 하며, 그래야 그것을 떳떳하게 해낼 수 있다고 주장한다. 어느 누구의 간섭도 받지 않을 수 있다. 사회적으로 수용되지 않은 것은 공개적으로 수행할 수 없기 때문에 여러 가지 간섭이 따른다. 그는 자신의 욕구를 성취하기 위해서 그림을 그리고 예술 작품을 만드는 것으로 승화시켜야 한다.

이와 같은 승화의 산물은 사회적으로 수용되고 높게 평가된다. 이러한 승화의 단계에 이르지 못하고 심한 사회적 압박을 받게 되면 보다 극악한 방법을 취하는 수밖에 없다. 그것은 사회가 용납하지 않는 또 다른 사건으로 이어진다. 이것이 악순환 현상이다. 사이코패스에게는 바람직하지 못한 환경을 보다 긍정적으로 변화시키는 재주가 있으며 참신한 아이디어를 낼 수도 있다. 자신의 사악한 욕망을 아름다운 예술품으로 만들어 내는 것도 한 가지 방법이다.

스트레스 환경에서도 효과적 업무 수행이 가능하다

사무를 처리할 때 보통 사람들은 마감 시간에 쫓기면 스스로 심한 낭패감을 느낀다. 그러나 사이코패스는 태연하게 일을 처리해 나갈 수 있다. 정상적인 사람은 주어진 일의 분량이 많으면 기가 죽는다. 하지만 사이코패스는 일의 분량 때문에 기가 죽는 일이 없다. 대부분의 사람들은 어려운 사태에 직면하면 생리적 변화가 따라서 온다. 체내에 자극 호르몬이 분비된다. 그 결과, 심한 스트레스를 받게 되고 사고 기능이 손상된다. 이것은 극히 정상적인 현상이다. 하지만 사이코패스에게는 이러한 현상이 일어나지 않는다.

사이코패스는 심한 스트레스를 받아도 스트레스 호르몬이 분비되지 않는다. 그러므로 일상생활에 어려움을 전혀 느끼지 않는다. 사이코패스는 스트레스 장면에 직면하게 되면 곧 그에 순응해 버린다. 자기 주장을 하며 차일피일하면서 하던 일을 중단하지 않는다. 오히려 사이코패스는 그러한 상황을 보다 좋은 기회로 생각하면서 자기에게 나쁜 기회라고 생각하지 않는다. 그 상태가 보다 악화되면 보다 나은 긍정적 결심을 하는 수도 있다.

사이코패스는 능숙한 대화 솜씨가 있다

사이코패스의 용모는 매우 아름답다. 또 그들은 매력적이다. 이것은 사실이다. 대부분의 사람들은 불안과 공포 속에서 조심스럽게 생활한다. 다른 사람들의 눈치를 보면서 조심스럽게 생활한다.

그러므로 자연스러운 대화가 좌절되는 경우가 있다. 하지만 사이코패스는 다른 사람의 눈치를 보지 않고 자기 본위로 생활한다. 그러므로 주저없이 대화를 할 수 있다.

그들은 남의 눈에 대화에 능숙한 사람으로 보인다. 이런 특성이 그의 일상생활에 큰 도움이 된다. 그들은 열심히 대화의 상대를 찾아다닌다. 그러므로 다른 사람의 눈에 그는 다양한 흥미를 가진 사람으로 비쳐진다. 사이코패스는 대화 상대방의 얼굴 표정을 통해 그가 요구하는 것이 무엇인지를 정확하게 인식, 판단한다. 그에 따라 화제를 맞게 돌릴 수 있다. 사이코패스는 대화 과정에서 말이 막혀 머뭇거리는 일이 없다. 일반적으로 사람들은 말문이 막히면 머뭇거리면서 그 장면에서 벗어난다. 하지만 사이코패스는 적절한 말을 골라 쓰면서 대화를 이어 간다.

사이코패스는 독서를 즐긴다

흔히 사이코패스는 동정심이 부족해 다른 사람의 감정을 이해하지 못한다고 한다. 그러나 이는 사실과 다르다. 사이코패스는 독서를 즐긴다. 이와 같은 사실은 실험적으로 검증되었다. 그 실험 결과를 하나 보자. 실험자는 피험자에게 정서 표현이 담긴 비디오를 보여 주고 비디오 속에 담겨 있는 사람의 얼굴 표정을 보고 그의 현재 감정을 평가하도록 하였다. 그 결과, 사이코패스는 정상인에 비해 보다 정확하게 비디오 속 주인공의 감정을 평가할 수 있었다.

사이코패스가 상대방의 모든 정서를 정확하게 평가할 수 있는 것은 아니다. 행복한 정서 상태보다는 우울한 정서 상태를 보다 정확하게 평가할 수 있었다. 그들은 공포나 불안과 같은 정서를 행복한 정서보다 정확하게 평가할 수 있었다. 흥미롭게도 여성 사이코패스에게는 남성 사이코패스보다 더 정확한 평가능력이 있었다.

사이코패스의 용모는 아름답다

사이코패스의 용모는 아름답다고 한다. 그와 같은 주장에는 충분한 과학적 증거가 있다. 일반적으로 사람들은 균형 잡힌 얼굴을 선호한다. 사이코패스의 얼굴은 균형을 유지하고 있다. 이는 생물학적 산물이다. 사이코패스의 몸에는 많은 테스토스테론 호르몬이 있는데 이것이 얼굴의 균형을 잡는 데 도움을 준다. 이와 같은 사실은 과학적으로 입증되었다.

사이코패스는 패션 감각이 뛰어날 뿐만 아니라 자기 자신을 보다 아름답게 꾸미는 재능이 있다. 일반적으로 사람들은 생활에 편리한 옷을 입는 경향이 있다. 이와는 달리 사이코패스는 옷을 입는데도 특정한 목적을 부여하는 경향이 있다. 그들은 이 목적을 달성하기 위해서 자기 자신에게 맞게 몸치장을 한다. 그렇기 때문에 다른 사람에게 아름답게 보일 수밖에 없다. 아름다운 미모에는 후광 효과가 따른다. 그 결과, 주위 사람들은 그를 친절하고 스마트하게 평가한다.

성격장애

성격장애의 진단과 분류

성격과 그 장애가 연구자의 관심을 끌게 된 역사는 매우 깊다. 그 역사는 고대 그리스의 문헌에서 찾을 수 있다. 틸타무스(Tyrtamus)라고도 불리는 그리스의 철학자 테오프라스토스는 그의 저서 『성격(Character)』에서 4세기 아테네의 사람을 30개 유형으로 분류하였다. 그의 저서는 영국의 토마스 오버베리(Thomas Overbury, 1581~1613)와 장 드 라브뤼예르(Jean De La Bruyére, 1645~1696)의 성격 연구에 지대한 영향을 주었다.

프랑스의 정신건강의학과 의사 필리프 피넬은 1801년 그의 저서 『섬망을 수반하지 않는 광란(Insanity without delirium)』에서 새로운 성격장애의 개념을 소개하는데 이것이 곧 성격장애의 기틀이 되었다. 환자는 망상이나 환각과 같은 정신병자에게 나타나는 증후가 결여된 상태에서 심한 분노를 노출하고 폭력을 휘두르는 것이 특징이다. 약 90년 후 1896년 독일의 정신건강의학과 의사 에밀 크레펠린(Emil Kraepelin, 1856~1926)은 일곱 가지 반사회적 행동을 묶어서 정신병질성 성격이라는 개념을 소개하였다. 이 정신병질성 성격의 개념은 쿨트 슈나이더(Kurt Schneider1, 1887~1961)에 의해 다시 정리되어 후세에 전해지게 되었다. 수정된 개념에는 자신의 이상 때문에 고통을 겪는 사람까지 포함되어 있다. 슈나이더는 미국 정신의학의 발달에 크게 기여하였다. 그의 저서(1923)는 미국 정신의학회의 성격장애 분류의 기반이 되었다.

성격장애는 개인의 부정적 경험의 산물일 수도 있고 선천적으로 타고난 성격 특성일 수도 있다. 후자의 경우 어린 시절에 시작되어 성인기에까지 지속되고 그것이 곧 그의 성격 특성으로 굳어지기도 한다. 이것이 곧 성격장애다. 성격장애에는 몇 가지 특성이 있다.

- 나 자신, 다른 사람, 그리고 그와 관계되는 개인의 내적 경험과 행동양식이 그가 속한 문화적 기준에서 크게 일탈되었다. 개인의 정서반응, 대인관계, 충동 조절 기능이 그가 속한 문화적 환경과 어울리지 않는다.
- 개인생활과 사회생활에 융통성이 결여되어 있다.
- 융통성이 결여된 개인생활과 사회생활의 특성이 임상적으로 특이하게 나타난다.
- 융통성이 결여된 행동이 아동기부터 성인기까지 지속된다.

성격장애는 문화적·사회적 배경과 깊은 관계가 있다. 종교, 관습의 차이에서 오는 특성은 성격장애의 진단기준이 된다. 성격장애의 진단에는 성별 차이가 깊이 고려되어야 한다. 반사회성 성격장애, 연극성 성격장애, 그리고 의존성 성격장애는 남성에 더 많다. 성격장애의 특성은 청소년기와 성인기 초기에 보다 빈번하게 나타난다. 성격 특성은 크게 변하지 않는다. 하지만 성격장애는 나이가 들면서 많은 변화가 따른다. 변화는 그 유형에 따라 다르다.

성격장애가 정확하게 진단되고 분류될 때 보다 효과적인 치료효과를 기대할 수 있다. 이를 위해 성격장애는 전문가들에 의해 유목에 따라 진단되기도 하고 차원에 따라 진단되기도 하며, 전자를 유목적 진단, 그리고 후자를 차원적 진단이라고 한다.

유목적-차원적 진단의 논쟁은 미국 정신의학회가 1980년 분류체계의 수정작업을 할 때부터 시작되어 2013년까지 지속되었다. 유목적 진단은 크레펠린 시대부터 시작되어 2013년까지 전문가들이 선호했던 진단체계다. 그들은 적응능력이 떨어지고 기능장애가 뚜렷하고 불쾌한 주관적 감정을 느끼는 사람을 성격장애로 진단 분류하였다.

이와 같은 진단체계는 환자의 의학적 상태를 진단하는 것으로 정상과 질병 간에는 뚜렷한 경계가 있다고 주장하였다. 이와 같은 주장이 만들어진 것이 미국 정신의학회의 공식적 진단기준이다. 이 유목적 진단체계에는 여러 가지 실용적 장점이 있다. 치료를 요하는 것과 그렇지 않은 것이 분명하게 구분된다. 이와 같은 주장을 바탕으로 여러 가지 진단검사가 개발되었다. 로버트 헤어의 사이코패스 진단척도도 그 가운데 하나다. 이 검사를 통해 사이코패스와 사이코패스가 아닌 것이 쉽게 감별된다. 허비 클렉클리의 진단척도도 같은 목적의 진단척도다. 미국 정신의학회의 진단기준에는 여러 가지 문제가 있다. 무엇보다도 정신장애에 따르는 동시 이환장애가 수반되는데 이 진단기준으로는 정확한 진단이 매우 어렵다. 그러므로 성격장애를 정확하게 개념화하기가 쉽지 않다.

차원적 진단은 유목적 진단이 가지는 결함을 수정 보완한 것으로서 양적인 진단방법이다. 이 진단방법의 장점은 첫째, 장애에 수반되는 여러 가지 장애까지도 정확하게 진단할 수 있다는 점이다. 둘째, 정상성격과 이상성격 간에 연속성이 결여되어 있을 때에도 이미 알려진 정상성격모델에 따라 이상성격을 진단할 수 있다는 점이다.

지금까지 유목적 진단과 차원적 진단의 개념을 소개하고 그에 따른 장단점도 소개하였다. 보다 나은 성격장애에 대한 정보를 얻고자 하는 사람이면 그것으로는 만족할 수 없다. 두 진단에 대해 판결보다 엄격한 통계적 방법이 필요하다. 가장 일반적이고 권위가 인정된 통계적 방법은 1995년 폴 밀(Paul Meehl, 1920~2003)이 개발한 분류학적 방법이다. 이 방법에 대해 보다 자세한 설명은 다른 전문적인 문헌을 참고하기 바란다. 미국 정신의학회는 성격장애를 크게 10개의 유형으로 분류하고 이를 다시 세 그룹으로 묶었다. 주요 성격장애 유형 및 그룹은 다음 표와 같다.

<표 2-1> 주요 성격장애

A그룹	편집성 성격장애 조현성 성격장애 조현형 성격장애
B그룹	반사회성 성격장애 경계성 성격장애 연극성 성격장애 자기애성 성격장애
C그룹	회피성 성격장애 의존성 성격장애 강박성 성격장애

주요 성격장애 및 그 임상적 특징

편집성 성격장애

편집성 성격장애를 가진 사람은 다른 사람을 믿지 못한다. 절대적 태도를 보인다. 사회적 대인관계가 원만하지 못하다. 그 결과, 다른 사람과의 적대적 관계가 장기간 지속된다. 증거도 없이 남이 자기를 속인다고 의심한다. 다른 사람의 성실성을 의심한다. 대인공포 때문에 다른 사람과 터놓고 이야기하지 못한다. 다른 사람의 말과 행동에 대해 그 저의를 의심한다. 품고 있는 원한을 쉽게 풀지 못한다. 자신의 명성이 손상받았다고 생각되면 바로 화를 내거나 반격을 가한다. 배우자의 행동을 의심한다. 편집성 성격장애는 친밀한 대인관계를 가지지 못한다. 매사에 불평이 많고 공격적으로 행동하는 경향이 있다. 필요 이상으로 타인의 위협을 받게 되지나 않을까 조심한다.

미래의 계획은 치밀하게 세운다. 고집이 세고 상대방을 비꼬는 말을 많이 한다. 도전적 행동 때문에 상대방을 화나게 하는 일이 많다. 다른 사람을 믿지 못하기 때문에 모든 일을 독자적으로 처리하는 습관이 강하다. 또 다른 사람을 마음대로 조정하고 지배하려는 욕구가 강해 권력과 관계되는 환상이 심하다. 주변 사람들과의 갈등 때문에 스트레스를 받게 되고 이는 곧 우울증, 공포증, 알코올 과다 복용과 같은 부적응 행동으로 발전한다.

정신건강의학과 입원 환자의 10~30%는 편집성 성격장애이고 여성보다는 남성에 더 많다. 편집성 성격장애의 증후는 아동기나 청소년기에 나타나기도 하고 성인기에 나타나기도 한다. 편집성 성격장애의 발병 원인은 연구자 혹은 치료자의 훈련배경이나 치료 경험의 특성에 따라 서로 다르다. 정신분석학자의 주장에 따르면 편집성 성격장애는 무의식적 동성애의 욕구표출이라고 한다. 그들은 동성애의 욕구를 극복하기 위해 여러 형태의 방어기제를 사용하는데 그 산물이 곧 편집성 성격장애라는 것이다.

기본적 신뢰의 결여는 곧 편집성 성격장애로 발전한다. 그들이 경험한 가학적 양육은 타인에 대한 공격적 행동은 물론 주위 사람들을 믿지 못하게 만든다. 특이한 개인의 신념과 사고는 원만한 성격발달을 해치는데 그 가운데 하나가 편집성 성격장애다. 이들은 주위의 사람들을 악의적으로 보는 경향이 있다. 자신은 타인의 공격을 받을지 모른다. 그러므로 스스로 항상 경계해야 한다고 생각한다. 이런 사고의 특성 때문에 자신은 항상 부당한 대우를 받게 된다고 생각한다. 이런 부당한 공격을 면하기 위해서는 자신이 보다 공격적으로 행동해야 하며 그들을 믿어서는 안 된다고 생각한다.

편집성 성격장애는 물론 다른 성격장애도 장시간에 걸쳐서 형성된 만성과정이기 때문에 치료가 쉽지 않다. 편집성 성격장애의 치료에서는 무엇보다도 치료자와 내담자 간의 신뢰관계 형성이 중요하다. 하지만 그 작업이 매우 어렵다는 점을 염두에 두어야 한다. 믿음직한 두 사람 간의 신뢰관계를 바탕으로 내담자는 자신의 내면세계를 치료자에게 노출시킬 때 그로부터 도움을 받을 수 있다.

조현성 성격장애

조현성 성격장애를 가진 사람은 친밀한 대인관계 형성에 관심이 없다. 따라서 사회적응이 매우 어렵다. 고립된 생활 속에서 단조로운 삶을 즐긴다. 환자의 감정 표현 특성은 성인기 초기부터 외부에 잘 나타난다. 그들에 대한 진단에서는 몇 가지 점에 주의해야 한다. 그들은 친밀한 대인관계를 원하지도 않고, 그런 대인관계를 즐기지도 않는다. 독자적 활동을 선호한다. 성관계에도 흥미가 없다. 가족 외에는 마음을 터놓고 이야기할 상대가 없다. 다른 사람의 칭찬이나 비판에 관심이 없다. 감정 표현이 매우 둔하다.

조현성 성격장애를 가진 사람은 다른 사람에게 관심이 없다. 독자적으로 행동하는 경향이 있다. 가까운 친구도 없고 이성에 대한 관심도 없기 때문에 독신으로 생활한다. 감정 표현이 거의 없다. 이것이 곧 대인관계를 악화시키는 요인이 되며 대인관계를 바탕으로 한 일은 수행하기가 매우 어렵다. 삶의 목표가 없다. 장기간 스트레스를 받게 되면 심한 망상에 빠지기도 한다. 여성보다는 남성에게 조현성 성격장애가 더 많다. 개인의 기본적 신뢰관계의 결여는 조현성 성격장애를 유발하는 주요 요인이 된다.

개인의 기본적 신뢰관계의 결여는 아동기에 형성되는데 이는 부모의 애정 결핍에서 그 원인을 찾을 수 있다. 일반적으로 공상을 통해 자신의 좌절된 욕구를 해소하는 경향이 있다. 조현성 성격장애를 가진 사람은 대인관계 형성 능력이 부족하다. 이는 유아기에 부모로부터 받은 부적절한 양육 감정의 산물이다.

조현성 성격장애를 가진 사람은 겉으로는 대인관계 형성에 관심이 없어 보이나 내면적으로는 대인관계 형성의 욕구가 강하다. 이러한 괴리현상 때문에 분열성이라는 특징이 형성된 것이다. 이는 곧 정체감의 손실로 이어지며 이것이 대인관계 형성에 무심해지는 결과를 가져온다. 부정적 자기개념과 대인회피적 사고가 조현성 성격장애의 발병 원인으로 작용한다. 조현성 성격장애를 가진 사람은 자기 스스로 대인관계 형성에 부적절한 사람이라고 생각할 뿐만 아니라 자기 독자적으로 행동할 때 문제가 보다 쉽게 해결될 것으로 생각한다. 그들은 다른 사람들과 멀리할 때 문제가 보다 쉽게 해결될 것으로 생각한다.

조현성 성격장애의 치료는 다른 정신장애와 마찬가지로 쉽지 않다. 무엇보다도 그들의 낮은 대인관계 형성 욕구 때문에 치료자와의 관계 형성도 매우 어렵다. 치료관계가 일단 형성되면 환자가 공감적 반응을 할 수 있는 치료를 계속하는 것이 중요하다. 실제 치료자는 환자가 사회적 고립에서 벗어나 사회적 환경에 적응할 수 있도록 도움을 주는 것이 중요하다.

조현형 성격장애

조현형 성격장애를 가진 사람은 사회적응이 어렵고, 기이하게 생각하고 행동한다. 조현형 성격장애는 앞에서 다룬 조현성 성격장애와 비슷한 점이 많다. 다만 기이하게 생각하고 행동하는 데 약간의 차이가 있을 뿐이다. 조현형 성격장애를 가진 사람은 친밀한 대인관계 형성에 대한 불안이 심하고 대인관계 형성 능력이 부족하다. 자신의 왜곡된 사고, 기이한 행동 때문에 사회적응이 어렵다고 생각한다. 이들에 대한 진단에 있어서 몇 가지 유의할 점이 있다.

환자가 관계 망상과 유사한 사고를 하지는 않는지, 괴이한 믿음이나 사고를 바탕으로 행동하지는 않는지. 신체적 착각을 경험하지는 않는지. 괴이하게 생각하고 말하지는 않는지. 편집적 사고를 하지는 않는지. 지나치게 의심이 많지는 않는지. 감정이 지나치게 메마른 것은 아닌지. 외모가 특이하지는 않는지. 마음을 털어놓고 이야기할 수 있는 친구는 있는지. 지나친 사회적 불안을 호소하지는 않는지, 가벼운 조현병을 경험한 사실이 있었는지 등이다. 이들이 심한 스트레스를 장기간 받게 되면 일시적인 정신병적 증후가 나타난다. 조현형 성격장애는 전체 인구의 3% 정도에서 나타나는 것으로 추산되며 여성보다 남성의 비율이 약간 높다.

조현형 성격장애는 가족의 영향을 크게 받는다. 이 환자 가족에서 동일한 조현형 성격장애가 보다 빈번하게 발병한다. 조현형 성격장애는 유전적 요인과 깊은 관계가 있다. 조현병은 직계가족의 발병율이 현저히 높다. 조현형 성격장애는 정신분열적 경향성의 연속선상에서 이해해야 된다. 조현병적 경향성은 대인관계의 부족, 왜곡된 지각, 사고와 행동의 혼란 등으로 나타난다. 이들의 관계는 장애의 정도에 따라 다르다. 즉, 경미한 조현병적 경향성이 조현성 성격장애이고 그다음이 조현형 성격장애이고, 정도가 가장 심한 것이 조현병이다.

유아기에 경험한 불안정한 애착관계는 조현형 성격장애를 유발하는 주요 요인으로 작용한다. 특이한 사고형태와 인지기능의 왜곡은 조현형 성격장애의 유발요인으로 작용한다. 조현형 성격장애는 '다른 사람이 나를 싫어한다는 것을 다 알고 있다.', '앞으로 자신에게 무슨 일이 일어날지 자신의 감정으로 알 수 있다.'라고 망상에 빠지는 일이 많다.

자신과 무관한 일도 자신과 연결지어 부정적으로 판단하기도 한다. 이와 같은 잘못된 생각은 곧 망상으로 발전하기도 한다. 조현형 성격장애에 대한 약물치료와 인지치료의 효과는 크다. 환자의 50%는 항정신병제에 의해 망상적 사고, 기이한 행동, 사회적 고립이 효과적으로 치료된다. 조현형 성격장애는 사회적 기술훈련에 의해 보다 효과적으로 치료되기도 한다.

반사회성 성격장애

한때 반사회성 성격장애는 치료가 어려운 것으로 인식되어 전문가들의 관심에서 멀어진 적도 있었다. 그러나 높은 치료 효율성이 입증되면서 이 장애에 대한 관심을 가지는 전문가들이 크게 증가하고 있다. 반사회성 성격장애는 사회적 부적응행동(법을 지키지 않고 자신의 행동에 대해 책임을 지지 않으며 반복적으로 폭력을 행사하는)을 반복하는 유형의 성격장애다.

절도, 사기 등과 같은 행동을 하는 사람들이 이 부류에 속한다. 성격장애자 가운데에도 15세 이전에 발병하며 빈번하게 타인의 권리를 침해하는 사례도 많다.

반사회성 성격장애의 정확한 진단을 위해서는 다음과 같은 특징에 특별히 관심을 가질 필요가 있다. 사회적 규범 위반으로 구속될 만한 행동을 한다. 반복적으로 거짓말을 한다. 타인을 속이는 행동을 한다. 무계획적으로 행동한다. 호전적이고 공격적인 행동을 한다. 무모한 행동을 한다. 꾸준한 직장생활을 하지 못한다. 책임감이 없다. 남을 학대하거나 절도행위에 대해 자책감을 느끼지 못한다.

반사회성 성격장애라는 진단은 18세 이상의 성인에게만 가능하고 15세 이전에 행위장애(아동기나 청소년기부터 빈번한 폭력, 거짓말, 절도, 결석 등)를 경험한 뚜렷한 증거가 있어야 한다.

반사회성 성격장애는 사회구성원의 권리를 무시하고 자신의 쾌락과 이익만을 위해 수단과 방법을 가리지 않고 행동하는 경우가 많고 이에 대한 법적 처벌을 받은 일이 많다. 충동적이고 호전적이어서

싸움을 자주하며 배우자나 자녀를 구타하는 사례가 많다. 자신의 잘못에 대해 자책하는 일이 없이 같은 행동을 반복하는 경향이 있다.

타인에게 고통을 준 행동에 대해 자책하거나 후회하는 일이 없다. 아동기의 주의력결핍 과잉행동장애나 청소년기의 행위장애는 반사회성 성격장애의 유발요인이 되기도 한다.

반사회성 성격장애는 유전적 영향이 크다. 이와 같은 사실은 범죄의 일치에 의해 입증된다. 즉, 일란성 쌍생아의 경우 55% 이와는 대조적으로 이란성 쌍생아의 경우 12%가 반사회성 성격장애자가 된다. 입양아가 범죄자가 된 경우 양부모보다는 친부모와 보다 상관관계가 높다. 반사회적 성격과 범죄 성향은 성별 차가 크다. 여성의 반사회적 성격과 범죄 성향의 관계는 남성의 반사회적 성격과 범죄 성향의 관계보다 상관관계가 더 높다. 여성은 남성보다 환경의 영향을 더 예민하게 받는다. 그러므로 여성은 남성보다 더 큰 사회적 영향을 받는다.

반사회성 성격장애는 생물학적 기초 위에서 이루어진다. 그들의 뇌에서는 이상 활동이 뚜렷하게 나타난다. 피험자의 30~58%에서는 비정상적 뇌파 활동이 발견된다. 반사회성 성격장애의 자율신경계통과 중추신경계통의 각성수준이 낮다. 이는 곧 범죄행동과 직접 관계가 있다.

부모의 양육특성은 반사회성 성격장애와 깊은 관계가 있다. 부모의 과격하고 지배적인 양육은 아동의 공격적 성격을 조장한다. 부모의 방임적 양육도 반사회성 성격장애를 유발하기 쉽다. 부부관계의 갈등이 자녀의 반사회성 성격장애를 유발한다. 심리적 문제를 가진 어머니와 유아 간의 관계는 반사회성 성격장애의 유발 요인이다. 부모와 유아 간의 기본적 신뢰관계의 결여는 정상적 성격 발달을 해친다. 따라서 타인의 입장에서 생각하는 공감능력이 발달하지 못하고, 타인에게 행한 잘못된 행동에 대해서 불안이나 죄책감을 느끼지 못하고, 이러한 관계에서는 초자아의 기능이 발달하지 못하게 되며 결과적으로 도덕관념이 발달하지 못한다. 이는 곧 범죄의 원인으로 작용한다.

독특한 신념체계도 반사회성 성격장애의 유발요인이 된다. 반사회성 성격장애를 가진 사람은 잘못된 신념체계 속에서 생활한다. '우리는 정글 속에서 살고 있다. 그러므로 강한 자만 살아남는다.' '힘과 주먹만이 내가 얻고자 하는 것을 얻을 수 있는 수단이다.' '들키지 않는 한 거짓말을 하거나 속여도 괜찮다.' 등이 그들이 가진 잘못된 신념체계이다. 다른 사람이 나를 어떻게 생각하느냐는 문제가 되지 않는다.

다른 성격장애와 마찬가지로 이들은 치료를 받고자 하는 동기수준이 낮다. 그러므로 그들에 대한 치료는 매우 어렵다. 또한 그들은 권위에 대한 부정적 생각이 강하기 때문에 치료자와 환자 간의 치료 관계 형성도 쉽지 않다. 분석적 치료보다는 행동치료가 반사회성 성격장애 치료에 큰 도움을 준다.

경계성 성격장애

정신병 증후와 신경증 증후가 뚜렷한데 어느 한쪽으로 분류하기가 어려운 사례가 있다. 이것이 곧 경계성 성격장애이다. 망상이나 환각이 지속되는 일은 없다. 경계성 성격장애를 가진 사람은 애정과 분노가 교차하기 때문에 안정된 대인관계를 맺지 못한다. 빈번하게 충동적 자해를 시도하기도 한다.

진단을 할 때는 몇 가지 특성을 깊이 고려해야 한다. 경계성 성격장애를 가진 사람은 부모로부터 버림 받지 않기 위해 혹은 가상적인 버림을 피하기 위해 꾸준히 노력한다. 반복적으로 자살을 시도하기도 하고 빈번히 자해행동을 한다. 불안정한 정서, 만성적인 공허감을 경험한다. 분노 조절이 어렵다. 스트레스에 의한 망상적 사고가 심하고 심한 해리반응을 보이기도 한다.

경계성 성격장애를 가진 사람은 확실한 자아상이 없다. 그러므로 예측이 불가능한 행동을 자주 한다. 그들은 심한 공허감을 느끼기도 하고 때로는 충동적으로 행동하기도 한다. 낭비가 심하고 성생활이 문란하다. 과음을 하기도 하고 약물을 복용하기도 한다. 경계성 성격장애는 전체 인구의 2%, 정신건강의학과 외래환자의 10%, 정신건강의학과 입원환자의 20%를 차지한다. 자아정체감의 문제를 가진 사람이 때로는 경계성 성격장애의 특성을 표출하기도 한다.

경계성 성격장애를 가진 사람들 중 75%는 여성이다. 이로 보아 경계성 성격장애는 여성 특유의 장애임을 알 수 있다. 이 장애는 자살을 시도하는 일이 많고 성인 초기에 그 발생 빈도가 가장 높다. 이들의 연령이 30~40세에 이르면 대인관계나 직업 기능이 크게 안정된다.

성장하는 아이들이 유아기에 경험하는 분리-개별화의 단계에서 심한 갈등을 겪게 되는데 이 단계에서 더 이상 발달하지 못하고 고착되어 버린 현상이 경계성 성격장애의 유발요인으로 작용한다. 이 시기의 아이들은 어머니가 보이지 않으면 크게 놀라고 심하게 걱정하며 불안 속에서 어머니를 찾게 된다. 이때 어린아이는 어머니가 보이지 않으면 자기가 버림을 받게 되지 않을까 하는 두려움을 느낀다. 이러한 과정을 반복적으로 그리고 빈번히 경험한 결과가 곧 경계성 성격장애로 나타난다. 이와 같은 경험을 가진 사람은 성인이 되어서도 혼자 있는 것을 참지 못한다. 또 연장자나 상사로부터 버림을 받게 되지나 않을까 몹시 걱정하는 경향이 있다. 성장 과정의 아이가 어머니로부터 안정된 정서적 보호를 받지 못하였거나 안정된 정서관계가 형성되지 못하면 그것이 곧 고착화되어 버린다.

불안정한 어머니의 모습은 곧 아이의 불안정한 모습으로 이어진다. 어머니에 대한 안정되고 통합된 상을 가진 아이들은 어머니가 일시적으로 눈앞에서 보이지 않아도 불안을 느끼지 않고 그 상황을 효과적으로 극복할 수 있다. 그것 때문에 심한 공포나 불안을 느끼지 않는다.

경계성 성격장애를 가진 사람은 어렸을 때 큰 충격을 경험한 경우가 많다. 또한 그들은 부모로부터 심한 학대를 받은 사실을 쉽게 잊지 못한 경우도 있다. 아이들이 흔히 받게 되는 학대는 언어적인 것, 신체적인 것, 그리고 성적인 것이 있다. 경계성 성격장애를 가진 사람들 중 72%는 언어 학대, 46%는 신체 학대, 26%는 성적 학대를 받은 것으로 알려져 있다.

경계성 성격장애자의 내면적 신념은 매우 복잡하다. 세상은 위험하며 악의가 가득하다. 나는 힘이 없고 상처받기 쉬운 존재다. 전자는 세상에 대한 부정적 신념이고 후자는 자신에 대한 부정적 신념이다. 이것이 곧 삶에 대한 불안과 공포를 야기시키게 된다. 이러한 특성 때문에 주위의 사람들을 불신하고 심한 불안에서 벗어나지 못한다. 편집성 성격장애도 불신과 불안이 심한 편이다. 이런 점에서 경계성 성격장애와 다르지 않으나 자신이 약한 존재라는 점을 믿기 때문에 그런 불안에서 벗어나기 위해서 주위 사람들에게 의지하려는 특성이 있다. 경계성 성격장애를 가진 사람의 또 다른 사고 특성은 자신이 환영받지 못하는 존재라고 생각하는 것이다. 이러한 특성 때문에 타인에게 의지하지 못하고 주위에서 버림을 받게 되지나 않을까 하는 두려움이 심하다.

경계성 성격장애는 자신의 경험과 외부에서 일어나는 사건을 왜곡하는 경향이 있다. 이로 인해 극단적으로 행동하는 경향이 있다. 그들은 사람을 천사 아니면 악마라고 이분법적으로 평가한다. 또 상대방을 매우 긍정적으로 평가하거나 매우 부정적으로 평가한다.

다른 사람의 자신에 대한 태도도 수용-거부의 흑백논리에 따라 평가한다. 자신의 심리 상태도 천국-지옥의 차원에 따라 평가하고 그에 따라 행동하기 때문에 감정도 극단적으로 변한다. 선천적 충동성과 공격성은 경계성 성격장애에서 큰 비중을 차지한다. 이러한 충동성을 촉발시키는 원인인 성격특성은 가족사에서도 흔하게 발견할 수 있다. 이들의 세로토닌 수준은 매우 낮다.

경계성 성격장애에서는 자기조절 기능이 매우 낮은데 이는 신경인지기능의 결함과 밀접한 관계가 있다. 경계성 성격장애를 가진 사람은 대인관계가 매우 불안하기 때문에 그들에 대한 치료 효과는 크게 기대할 수 없다. 실제 치료에 있어서 치료자는 환자의 치료자에 대한 과민 반응, 예를 들면 공격적 반응에 대해 특별히 유의할 필요가 있다. 그들에게 나타나기 쉬운 자해, 자살행동에 특별히 주의를 기울일 필요가 있다.

경계성 성격장애 치료에 있어서 치료자의 태도는 매우 큰 비중을 차지한다. 우선, 치료자는 환자가 치료자의 의도를 오해하는 일이 없도록 행동해야 한다. 치료자는 내담자 혹은 환자에 대해 지지적 태도를 갖는 것이 매우 중요하다. 자아수준에 따라 치료방법을 달리할 수 있다. 자아수준이 낮은 환자나 내담자에게는 지시적 치료가 적합하다. 이와 달리 자아수준이 높은 환자나 내담자에게는 통찰지향적 치료가 보다 더 적합하다.

경계성 성격장애의 치료에 있어서 우선 몇 가지 목표를 설정하는 것이 중요하다. 첫째, 내담자의 자아수준을 향상시키고 충동성의 통제기능을 향상시킨다. 둘째, 내담자의 자기표상과 대상표상을 통합시킨다. 셋째, 긍정적이고 지지적인 내적 표상을 강화시킨다. 이로써 다른 사람과 보다 바람직한 대인관계를 형성해 나갈 수 있다. 경계성 성격장애의 치료에 앞서 치료관계 형성이 중요하다. 실제 치료에서는 환자가 직면하고 있는 구체적 문제해결에 역점을 두고 환자와 믿음직한 관계를 형성하는 것이 무엇보다도 중요하다.

내담자가 가지는 흑백논리적 사고의 특성을 변화시키는 데 역점을 둔다. 치료자는 환자가 긍정적으로 감정을 표시하면 그에 대해 적절한 보상을 준다. 최종 치료 단계에서 치료자는 환자로 하여금 그가 가지는 자신과 주위 세계에 대한 부정적 감정이나 태도에서 보다 긍정적인 감정이나 태도로 바꾸어 나갈 수 있게 도움을 주어야 한다.

연극성 성격장애

연극성 성격장애를 가진 사람은 주위 사람으로부터 인정을 받는 것에 지나친 관심을 갖는다. 이와 같은 노력은 일시적으로는 개인의 사회생활에 도움이 되는 경우가 있으나 훗날에는 부정적 결과로 나타난다. 그들은 자존심이 없다. 자신이 다른 사람으로부터 좋은 평가를 받을 수 있을까에 관심을 갖는다.

연극성 성격장애를 가진 사람은 신체적 외모에 관심이 많다. 그들은 암시에 따라 쉽게 흥분하며 충동적으로 행동하는 경향이 있다. 그들의 대인관계는 성실성이 없고 표면적이다. 그들은 자신에 대한 타인의 비판에 매우 예민하다. 자신이 남의 배척을 받게 되지나 않을까 항상 마음을 쓴다.

이들은 과도하게 감정 표현을 한다. 감정 표현을 위해 노력한다는 점이 그들의 행동에 잘 나타난다. 그러므로 그들의 감정 표현에서는 다음과 같은 몇 가지 점을 깊이 고려할 필요가 있다. 자신이 남의 관심의 대상이 되지 못하면 기분이 상한다. 상황에 맞지 않게 성적 관심을 표현하기도 하고 도박을 하기도 한다. 감정 변화가 심하고 감정 표현이 피상적이다. 주위의 관심을 끌기 위해 육체적 외모를 과장한다. 구체적 내용이 없는 대화를 지속한다. 언제나 연극할 때 느끼는 감정을 노출한다. 보다 친밀한 대인관계를 갖는다고 생각한다.

연극성 성격장애를 가진 사람은 자신의 감정과 경험을 지나치게 과장해서 표출하는 경향이 있다. 그러나 그것은 매우 피상적인 것이어서 그 안에는 어떤 의미도 내포되어 있지 않다. 화려한 외모를 유지하며 이성을 유혹하는 경향이 있다. 이것들은 모두 주위 사람들로부터 인정을 받고 싶은 강한 욕구의 표출로 생각할 수 있다. 그러나 이러한 욕구가 좌절되면 곧 깊은 우울증에 빠진다. 이들은 이런 경험을 피하기 위해 다른 사람, 특히 관심이 있는 인물에 대해서는 조정의 기술을 발휘한다.

연극성 성격장애는 전체 인구의 2~3%, 정신건강의학과 환자의 10~15%를 차지한다. 연극성 성격장애의 원인을 어릴 적에 경험한 오이디푸스 갈등에서 찾는 사람이 있다. 그들의 주장에 따르면 연극성 성격장애의 여성은 어머니의 애정 부족에 실망한 나머지 그것을 충족시키기 위해 아버지에게 애착을 느끼고 그에게 유혹적인 감정 표현을 하는 것이 매우 일반적이다. 그러나 이것은 참된 의도가 아니며 어머니의 따뜻한 보살핌을 받는 것이 그의 궁극적 목적이다. 그들은 어머니의 가슴과 남근을 동일시한다. 성장 후에는 남성의 애정과 사랑을 받기 위해 유혹적 행동을 서슴지 않는다.

어릴 적에 어머니의 사랑을 받지 못한 남성은 아버지의 애정을 받기를 원한다. 그러나 아버지의 사별이나 그의 사랑을 받을 수 없게 되면 어머니를 통해 여성적 정체감을 발달시키기도 하고 여성에 대한 불안을 피하기도 한다. 이러한 특성 때문에 남성의 연극성 성격장애는 심리 성적의 발달단계의 고착현상과 밀접한 관계가 있다. 심리 성적의 발달이 구순기에 고착되면 의존성 성격, 항문기에 고착되면 강박성 성격, 그리고 남근기에 고착되면 연극성 성격장애로 서로 다르게 발달한다. 서로 다른 단계에서 고착되면 성격장애는 성적 의미를 가진 대상을 유혹하는 경향이 있는데 이것이 곧 연극성 성격장애의 한 특성이다.

연극성 성격장애를 가진 사람은 특이한 신념과 사고방식이 있다. 나는 부적절한 존재다. 그러므로 혼자 살기가 너무 힘들다. 따라서 나는 나를 돌봐 줄 사람을 찾아야 한다. 나는 모르는 사람으로부터 사랑을 받아야 한다. 그러므로 이러한 애정을 얻기 위해 애교를 부리고 과장된 행동을 한다. 그들은 또 다른 특이한 신념을 가지고 있다.

- 내가 행복하려면 다른 사람의 관심과 애정이 절대적으로 필요하다.
- 나는 다른 사람의 사랑을 독점해서 많이 받아야 한다.
- 나는 다른 사람에게 즐거움을 주는 사람이어야 한다.
- 내가 원하는 것을 얻기 위해서는 그를 즐겁도록 만들어야 한다.
- 다른 사람이 나를 무시하는 것을 받아들일 수 없다.

연극성 성격장애를 가진 사람은 다른 성격장애와도 밀접한 관계가 있다. 연극성 성격장애의 65%는 반사회성 성격장애로 진단될 수도 있다. 연극성 성격장애의 유발요인은 확실하게 밝혀진 것이 많지 않다. 연극성 성격장애를 가진 사람은 치료자에게 매우 협조적이다. 이와 같은 현상을 어떻게 이해해야 하나. 이는 자신이 치료자로부터 인정을 받고 다른 한편으로는 치료자로부터 거부당할까 하는 두려움에서 벗어나기 위한 심리적 기제에 의한 것이라고 설명하기도 한다. 이러한 욕구가 지나치게 강한 연극성 성격장애를 가진 사람은 치료자를 자기 마음에 들게 조정하려는 특성이 있다.

연극성 성격장애의 치료에서는 그들이 가지는 몇 가지 특성을 이해할 필요가 있다. 이들은 외모에 관심이 많고, 성적 유혹을 하기도 하고 치료에 대한 불평은 물론 치료자를 위협하기도 한다. 연극성 성격장애의 치료는 쉽지가 않다. 치료 초기에는 큰 효과가 있어 보이지만 치료시간이 경과되면 치료자와의 관계가 악화되면서 치료효과는 크게 떨어진다.

인지치료를 받는 연극성 성격장애가 호소하는 문제는 매우 추상적이고 체계가 없다는 것이 인지치료에서는 연극성 성격장애에 대한 내담자가 갖는 모호한 성장을 구체적이고 체계적인 문제 중심으로 대체시킬 필요가 있다. 이것이 결여되면 작은 치료효과도 기대할 수 없다. 연극성 성격장애의 잘못된 기본적 신념, 즉 나는 부적절한 존재이고, 혼자서는 살기가 힘들며, 모든 사람으로부터 사랑을 받아야 한다는 신념을 보다 긍정적이고 현실적인 사고로 회복시켜 나갈 필요가 있다.

자기애성 성격장애

그리스 신화에 물 속에 비친 자기 모습을 연모하다가 물에 빠져 죽은 후 수선화가 된 나르키소스의 이야기가 있다. 자기애성 성격장애의 영어 명칭은 이 미소년의 이름을 따서 붙인 것이다. 자기애성 성격장애를 가진 사람은 특이한 망상을 한다. 자신은 능력이 뛰어나기 때문에 주위 사람들로부터 칭찬받을 수밖에 없다고 생각한다. 그는 다른 사람을 많이 질투하기도 하고 존경하기도 한다. 반면, 다른 사람에 대한 동정심은 전혀 없다. 한편, 공상이 심하고 다른 사람으로부터 칭찬받고자 하는 욕구가 강하다. 그러나 공감기능은 크게 떨어진다.

자기애성 성격장애도 다른 성격장애와 마찬가지로 진단이 쉽지 않다. 신빙성을 인정받을 수 있는 진단을 위해 다음과 같은 몇 가지 점에 유의할 필요가 있다. 자기는 중요한 인물이라는 망상이 강하다. 따라서 자기에게는 무한한 성공 가능성이 보장되어 있고, 권력이 있다고 생각한다. 자신의 아름다운 미모는 세상 사람들이 모두 인정한다고 생각하며, 이상적 사랑에 대한 공상에 집착한다. 자신은 특별한 존재이므로 특수계층의 사람들만이 자신을 이해할 수 있을 것이라는 잘못된 생각을 한다.

주위 사람들로부터 과도한 찬사를 받기 원한다. 특권의식이 강하여 특별한 대우를 받고 싶어 하고 복종의 기대감이 크다. 대인관계가 착취적이다. 자신의 목적을 달성하기 위해 다른 사람을 잘못 이해하고 조정한다. 감정이입 기능이 결여되어 있다. 다른 사람을 질투하고, 다른 사람이 나를 질투한다고 생각한다. 태도가 거만하고 방자하다.

자기애성 성격장애를 가진 사람은 자신을 지나치게 과대평가하며 사실 그렇게 생각하는 사고에 집착한다. 자신의 탁월감과 성공을 기대한다. 자신은 주위 사람들로부터 존경과 우대를 받아야 한다고 생각한다. 이러한 욕구가 충족되지 않으면 그들을 무시하고 심한 불안을 느낀다. 대인관계가 자기중심적이다. 그러므로 사람들과 잘 어울리지 못하고 외톨이가 되어 버린다. 그가 가진 지나친 망상적인 자애의 감정은 현실세계에서는 수용되지 않는다. 그 결과, 본인은 심한 우울증에 빠지기도 하고 분노를 느낀다.

　자기애성 성격장애는 외현적 자기애와 내현적 자기애로 구분된다. 전자는 자기애적 속성이 제3자의 눈에 잘 띈다. 후자는 외부세계에는 뚜렷하게 나타나지 않고 내면의 깊은 곳에 그러한 특성이 자리 잡고 있는 상태다. 외현적 자기애는 외향적이며 타인의 반응을 개의치 않고 자기의 주장을 한다. 내현적 자기애는 이와 달리 수줍어하고 다른 사람의 반응에 매우 예민하면서 조심스럽게 행동한다. 전체 인구의 1%가 자기애성 성격장애로, 임상진단에서는 2~16%가 같은 유목으로 진단된다.

　심리적 에너지가 자신에게 작용해서 자신의 신체를 성적 대상으로 취급하는 태도가 곧 자기애다. 이러한 상태는 어린 시절에는 정상이다. 그러나 성장하는 과정을 거치면서 이러한 상태가 성숙한 형태로 발전하지 못하면 병적인 상태가 되는 것이다. 아이들은 성장하면서 자신의 외부세계를 정확하게 판단하게 된다. 여기서 아이들은 자신의 몸에 관심을 갖는다. 부모의 애정과 보살핌을 받으면서 자신의 우월성을 깨닫는다. 이것이 곧 일차적 자기애다. 심리적 에너지가 부모에게 쏠리게 된다. 이렇게 성장하는 아이들은 부모를 사랑하고 애정을 교환하고 경험을 통해서 자신의 존재 가치의 중요성을 깨닫게 되는데 이것이 이차적 자기애다.

다른 사람에게 관심과 애정을 베풀고 거기에서 얻은 사랑과 애정에 근거하여 자신의 가치감을 느끼게 된다. 그러나 그것이 유아기에 고착되어 성인이 되어서도 사랑의 대상이 자기에게 집중되는 것이 곧 병적 자기애다.

신생아는 부모의 애정과 보살핌을 통해 자기상을 형성한다. 그것이 지나치면 유아기적 자기애를 갖게 된다. 이것은 개인이 성장 과정에서 경험하게 되는 좌절경험과 손상을 피할 수 없게 만든다. 아이들은 성장 과정에서 부모의 질책을 받을 수도 있고 좌절도 경험하게 된다. 이러한 경험을 통해 아이들은, 세상은 나를 중심으로 돌아가지 않으며 나는 대단한 존재가 아니라는 사실을 깨닫게 된다. 이러한 좌절을 경험함으로써 현실적인 자기애로 발전한다. 불행하게도 이러한 좌절을 경험하지 못하면 유아기적 자기애에 고착되어 자기애성 성격장애로 발전, 고정되게 된다.

자기애성 성격장애를 가진 아이들에게는 특별한 재능이 있다. 가족 내에서 보다 우월한 위치를 차지하는 것이다. 이러한 아이들은 부모의 칭찬과 특별한 관심 속에서 성장한 후에 부모의 태도에 매우 예민하게 반응한다. 칭찬을 받지 못하는 경우 심한 불안을 느끼고 그 불안에서 벗어나기 위해서 여러 가지 잘못된 행동을 한다. 아이는 엄마의 칭찬을 받을 만한 행동을 지나치게 부풀려 생각하고 어머니가 그것을 좋아할 것이라고 생각한다.

다른 한편으로는 자신의 머릿속에 이상적인 어머니의 상을 만들어 간직한다. 아이들은 내적으로 상상하는 어머니의 상과 어떻게 다른지 분간할 기능이 부족하다. 그러므로 자신의 긍정적 측면과 이상적 자기상이 혼합되어 실제의 자기보다 현저하게 과장된 자기상을 가지게 된다. 또 이들은 이상적 어머니 상이 혼합되어 자신은 특별한 존재라는 생각을 갖게 된다. 이러한 병리적 융합과정을 거쳐 자기애성 성격장애는 보다 큰 자기상을 형성하게 된다.

부정적 행동을 유발할 수 있는 위험하고 독특한 신념과 사고는 자기애성 성격장애의 유발원인이 된다. 나는 우월하기 때문에 특별한 대우를 받을 만한 자격이 있다. 나는 당연히 받아야 할 존경이나 칭찬을 받지 못하게 되면 참을 수 없다. 다른 사람들은 나를 비판할 자격이 없다. 이러한 특이한 신념은 어렸을 때부터 부모나 주위의 사람들로부터 직접 혹은 간접으로 듣고 간직한 것들이다.

자기애의 신념이 굳어지면 자기의 신념에 일치하는 정보를 바탕으로 긍정적 자기애상을 강화시켜 나간다. 그러나 자신의 신념에 일치하지 않는 것은 무시하기도 하고 때로는 왜곡하는 경향이 있다. 이러한 과정을 통해 자기애의 신념은 더욱 강화되어 성격장애로 이어지게 된다.

자기애성 성격장애의 효과적 치료는 개별치료다. 특히 치료자와 내담자 간에 이루어지는 전이현상이 자기애성 성격장애의 치료에 크게 도움이 된다. 내담자는 자신이 실패했던 부모와의 관계를 치료자와의 관계를 통해 다시 개선해 보려는 욕구가 강하다. 그러므로 치료자에게 그것을 간곡하게 요구한다. 그러므로 이들에 대한 치료는 비교적 쉽다. 이런 욕구가 받아들여질 때 내담자는 어릴 적에 경험했던 부정적 관계를 효과적으로 극복할 수 있다.

치료자와 내담자 간의 감정 전이는 자기애 성격장애 치료에서 큰 비중을 차지한다. 하지만 방어기제에 대한 해석에 있어서는 의견을 달리한다. 자기애성 성격장애 내담자는 치료자를 이상화하는 경향이 있는데 이는 무의식 세계에 숨겨 둔 시기심, 분노감정에 대한 방어다. 내담자는 치료자를 이상화하는 동시에 경쟁자로 생각할 수도 있다. 이것은 치료자에 대한 시기심 때문이다. 치료자는 내담자의 욕구를 직접 수용하기보다는 내담자가 그에 직면하게 할 필요가 있다. 자기애성 성격장애는 자신의 수치스러운 점을 수용하지 못하고 무의식 세계에 저장해 둔다. 그러나 자신의 우월성은 과시하려는 경향이 있다. 따라서 치료자는 내담자로 하여금 양극화된 자신의 감정을 통합할 수 있도록 해야 한다. 이것이 자기애성 성격장애의 궁극적 치료목표다.

실제 인지행동치료자들은 자기애성 성격장애가 가지는 삶에 대한 부정적 태도, 신념체계, 그리고 행동 특성을 찾아 그것을 수정하는 데 역점을 둔다. 자기애성 성격장애는 자기상을 지나치게 과장하고, 평가에 대해 과도하게 예민하며, 공감능력이 부족하다. 그러므로 치료자는 내담자가 가지는 비현실적 자기를 버리고 현실적인 자아신념을 갖도록 한다.

이들은 자신이 우월한 사람이 아니면 무가치한 사람으로 생각하는 이분법적 사고에 빠져 있다. 이런 사고를 교정시켜 줌으로써 타인에 대해서도 올바른 평가를 할 수 있다.

치료자는 내담자로 하여금 주위의 사람들을 정당하게 평가하는 기능을 향상시키는 데 관심을 가져야 한다. 이를 위해 역할실연의 훈련도 동시에 병행할 필요가 있다.

회피성 성격장애

회피성 성격장애를 가진 사람은 친근한 사람이 아니면 어울리는 것을 극구 회피한다. 이들은 일반적으로 불안이 심하다. 아동기에 부모의 도움을 받지 못한 이력이 있다. 이들은 사람과 만나는 것을 피하기 때문에 정상적 사회활동을 기대하기 어렵다. 자신에 대한 부정적 평가에 대해 예민하게 반응하는 경향이 있다. 이와 같은 특성은 성인 초기에 나타난다.

회피성 성격장애를 진단할 때에는 그 외에도 다음과 같은 특성에 대해 특별히 관심을 가질 필요가 있다. 남의 비난이나 거절이 두려워서 그들과 어울리는 것을 기피한다. 자기에 대한 호감이 보장되지 않으면 그들과 만나지 않는다. 조롱을 당할까 봐 두려워서 사람 만나기를 꺼린다. 자신의 부적절감 때문에 처음 만나는 사람 앞에서는 위축된다. 자신을 사회적으로 매력이 없고 열등하다고 생각한다. 당황하는 모습을 보이는 것이 두려워서 사회적 활동을 기피한다.

회피성 성격장애를 가진 사람은 자신에 대한 부정적 평가를 가장 두려워한다. 한편, 다른 사람을 비판하고 위협하는 성향이 있다. 이들은 매우 냉담해 보이지만 다른 사람의 행동에 대해서는 많은 관심을 갖는다. 이들은 친숙하지 않은 환경이나 새로운 일에 접하는 것을 두려워한다. 하지만 익숙한 환경에는 장기간 머물러 있으려는 성향이 있다. 이들은 되도록 책임이 따르지 않는 일을 선호하는 경향이 있다.

회피성 성격장애를 갖는 사람은 자신을 수용한다는 보장이 있을 때에 비로소 대인관계를 맺는다. 이들은 소수의 친한 사람들과 대인관계를 유지하려는 경향이 있다. 애정에 대한 소망을 지니는 동시에 거절에 대한 두려움이 강하다. 그러므로 불안, 슬픔, 좌절감, 분노와 같은 만성적 불안에서 벗어나지 못한다.

공동작업을 할 때 회피성 성격장애를 가진 사람은 친근한 사람을 선호하는 성향이 있다. 이것 때문에 이들은 의존성 성격장애로 잘못 진단되기도 한다. 위험에 직면하였을 때 과도한 생리적 반응을 하는 경향이 있다. 부정적 사건에 직면하게 되면 교감신경계통의 활동이 활발해진다. 이것을 보면 회피성 성격장애가 변연계나 자율신경계의 이상과 무관하지 않다는 것을 알 수 있다. 즉, 교감신경의 역치가 낮아 사소한 위협을 받아도 교감신경계가 과도하게 활성화된다.

회피성 성격장애를 가진 사람은 수치심이 강하다. 이는 대인기피증으로 나타난다. 수치심은 생후 8개월에 낯선 사람에 대한 불안과 함께 싹트며 성장 과정에서 병적 수치심으로 발전한다. 부모에 대해 수치심을 유발시키는 대상으로 생각할 뿐만 아니라 부모의 다른 형제를 자기보다 더 좋아한다고 생각하는 경향이 있다.

아동의 자신에 대한 부정적 신념이 회피성 성격장애를 유발하는 원인으로 작용한다. 회피성 성격장애를 가진 사람은 자신이 부적절하고 무가치한 사람이라고 생각한다. 그러므로 주위 사람들로부터 거부당하고 무시당하고 있다는 부정적 신념이 강하다. 이러한 자동적 사고를 타당한 것으로 인정하기 때문에 사회적 대인관계를 회피한다. 또 그들은 사회적 사태에서 다른 사람의 반응을 인지적으로 왜곡하기도 한다. 그러므로 이분법적으로 사고한다. 의미 확대, 부정적 증거에 관심이 많다.

회피성 성격장애도 다른 성격장애와 마찬가지로 치료가 쉽지 않다. 흔히 심리치료를 사용하지만 그 긍정적 결과는 크게 기대하기 어렵다. 내담자는 치료자가 자신을 거부하지나 않을까 하는 두려움이 강하다. 실제 치료에서는 치료자가 내담자의 지나친 두려움을 치료하는 것이 중요하다. 수치심을 치료하기 위해서는 자신이 경험한 수치심, 외상 경험을 발견하는 것이 중요하다. 실제 그것은 쉽지 않다. 자신의 가족을 보호하고자 하는 내적 소망과 그들을 원망하고 싶은 욕구 사이에서 심한 갈등을 느낀다.

회피성 성격장애 치료에 큰 도움이 되는 것은 인지행동치료다. 인지행동치료에서 치료자는 내담자가 불안과 긴장을 스스로 조정할 수 있는 훈련을 시킨다. 긴장이완, 복식호흡 훈련을 실시하면서 사회적 장면에 점진적으로 노출시키는 훈련을 병행한다. 또한 대인관계 훈련을 통해 원만한 대인관계를 회복할 수 있다. 회피성 성격장애의 사회적응을 위해 점진적 노출, 긴장이완 훈련, 사회적 기술훈련도 빼놓을 수 없다.

의존성 성격장애

의존성 성격장애를 가진 사람은 자신감이 없다. 다른 사람의 도움을 받고자 하는 욕구가 강하다. 자신이 의존하고 있는 사람으로

부터 언제 버림을 받게 될지 몰라 항상 불안한 생활을 한다. 그들은 자기가 남의 도움을 받을 수 없는 불행한 사람이라고 생각하고 자기는 모든 사람으로부터 인정을 받을 수 없으며 자기의 모든 권리는 힘 있는 사람에게 넘어가지 않을까 불안해한다. 보호를 받고 싶어 하는 욕구가 강하고 그로 인해 다른 사람과의 관계가 손상되지 않을까 하는 불안이 심하다.

실제 의존성 성격장애에 대한 진단에서는 다음과 같은 특성에 깊은 관심을 가질 필요가 있다. 타인의 충고와 보장 없이는 일상적 결심도 하지 못한다. 자기의 생활에서 가장 중요한 일도 맡길 수 있는 사람을 찾는다. 칭찬을 받지 못하게 될까 봐 반대의견을 내지 못한다. 자기의 일을 혼자 처리하지 못한다. 타인의 도움을 얻기 위해 하기 싫은 일을 자원하기도 한다. 혼자 있으면 무기력해진다. 친밀한 관계가 끝나면 또 다른 사람과 친밀한 관계를 맺는다.

의존성 성격장애를 가진 사람은 자신이 너무나 나약한 존재이므로 혼자서는 살아가기 힘든 존재라고 생각한다. 그들은 실제 혼자서는 사소한 일도 해결하지 못하고 공동 해결자를 탐색한다. 의존 대상의 버림을 받게 되면 심한 좌절감을 느끼고 적응기능이 크게 떨어진다. 또 그들은 의존 대상에게 버림 받는 것을 방지하기 위해서 순종하고 충성심을 발휘한다.

의존성 성격장애는 전체 인구의 2%에서 나타난다고 보는 사람이 있는가 하면 48%로 보는 사람도 있다. 연구자나 임상가에 따라 그 평가가 크게 다르다. 임상 장면에서는 여성 환자가 남성 환자보다 훨씬 많으나 과학적 연구결과를 보면 남녀의 차가 거의 없는 것

같다. 어렸을 때 부모나 보호자의 보호를 받은 경험자일수록 성장 후에 다른 사람의 보호를 받고자 하는 욕구가 강하다. 어렸을 때 투병생활을 경험한 사람은 투병과정에서 다른 사람에게 의존하는 욕구가 생겨 그것을 충족시켜 왔다. 이러한 생활 경험이 곧 성인기까지 계속되면 다른 사람에게 의존하는 욕구는 더욱 강해진다. 이것이 병적 수준에 이르게 되면 의존성 성격장애로 굳혀진다. 어린 시절의 투병생활 경험이 많은 사람에게 의존성 성격장애가 많이 발병하는 것은 이런 맥락에서 이해할 수 있다.

의존성 성격장애는 상대방에 대한 적대감을 방어하기 위한 수단이라고 주장하는 사람도 있다. 아이에게 심한 적개심을 가지는 부모일수록 과잉보호를 하게 된다. 아이의 부모에 대한 복종은 부모의 공격성과 적개심을 방어하기 위한 보상적 행동이다.

부모의 자녀에 대한 과잉보호가 의존성 성격장애의 주요 원인이 된다. 자신의 의존행동에 대해 보상을 받고 자립이나 독립에 대해 거부를 당한 경험이 축적될 때 타인에 대한 아이들의 의존적 반응이 굳어진다. 부모의 과잉보호 때문에 아이들은 자유로워지고 싶어 하는 욕구가 강하다. 그러나 그 욕구는 좌절되기 쉽다. 이러한 좌절경험이 후에 심인성 신체증상을 유발하는 원인이 된다.

의존성 성격장애는 변연계의 이상과 관계가 있다. 변연계에는 정서를 조절하고, 동기와 기억의 기능을 조절하는 기능이 있다. 의존성 성격장애의 변연계는 사소한 스트레스를 받아도 예민하게 반응한다. 그 결과, 지나친 긴장감이나 공포를 경험하게 된다.

의존성 성격장애는 심리성적의 발달이 구강기에 고착된 현상이라고 보기도 한다. 왜냐하면 구강기의 성격특성에서 의존성이 크게 감소되고 있기 때문이다.

의존성 성격장애는 개인의 잘못된 신념체계의 산물이다. 의존성 성격장애를 가진 사람은 이러한 잘못된 생각을 많이 한다. 근본적으로 무기력하고 부적절한 사람이며 혼자서는 이 세상에서 살 수 없다고 생각한다. 따라서 의지할 사람이 필요하며, 이러한 잘못된 신념 때문에 다른 사람에게 의존할 필요를 강하게 느끼고 그 욕구를 충족시키기 위해 노력한다. 그 산물이 곧 의존성 성격장애다.

의존성 성격장애는 완전 의존 아니면 완전 자립으로 나타난다. 자립적으로 혼자 살아가는 데서 오는 두려움 때문에 결국에는 극단적인 의존적 삶을 택하게 된다. 그들은 자신의 참 능력을 잘못 평가한다. 어떤 일이 잘못되면 그것이 곧 자신의 무능 때문이라고 생각한다. 그것 때문에 다른 사람에게 의존하거나 다른 사람의 보호를 받을 수밖에 없다고 생각한다.

의존성 성격장애는 심리치료에 의해 효과적으로 치료된다. 여기서 치료자가 알아 두어야 할 일이 있다. 치료과정에서 내담자가 심한 우울증이나 불안에 빠지는 경우가 있다. 이런 경우에는 항우울제나 항불안제를 보조수단으로 투여하는 것이 바람직하다. 그러나 이는 일종의 응급처치에 지나지 않는다. 성격 특성이 근본적으로 바뀌지는 않는다. 의존성 성격장애의 치료과정에서 내담자는 치료자에게 의존하려는 경향이 있다. 이러한 경우 내담자로 하여금 스스로 자립할 수 있게 지도하는 것이 치료자의 주요 임무 가운데 하나다.

정신역동치료자는 내담자로 하여금 독자적으로 생각하고 행동할 수 있게 도와준다. 이 과정에서 치료자는 내담자에게 나타나는 전이와 역전이 현상을 세밀하게 관찰해야 한다. 내담자는 치료자의 인정을 받기 위해 독자적 삶으로 변해 가고 있는 것처럼 행동한다. 이는 매우 긍정적 변화처럼 보이나 치료자에 대한 의존성이 더 심화된 결과로 보아야 한다.

의존성 성격장애에 대한 인지행동치료에서는 환자의 자율성에 보다 큰 비중을 둘 필요가 있다. 여기서 자율성은 독자적으로 행동하면서 그들과 밀접한 대인관계를 유지함을 의미한다. 이를 위해서는 자기신뢰와 자기효능의 감정을 강화시킬 필요가 있다. 문제 해결 기술과 의사결정 기술을 습득하고 자기훈련이나 의사소통의 기술도 학습시킬 필요가 있다. 이러한 능력이 성장되면 타인에 대한 의존심은 경감될 수 있다.

강박성 성격장애

강박성 성격장애의 한 특징은 지나치게 세밀한 것이다. 일반적으로 규칙, 조직, 계획 등에 대해 지나치게 관심을 갖는다. 강박성 성격장애를 가진 사람은 지나치게 완벽을 추구하기 때문에 어떤 일을 완성하기가 힘들다. 여가시간을 가지지 못하면서까지 일에 열중하는 경향이 있다. 특정한 일에 지나치게 신경을 쓰고 통제한다. 친구, 동료, 가족 관계에서도 비합리적이고 융통성이 결여된 것을 주장하기도 한다. 지나치게 완벽주의적이고 세심하기 때문에 보다 큰 일을 할 기회를 놓치는 수도 있다. 이러한 성격 특성 때문에 효율적 사무 처리가 어려워진다. 이는 곧 자신에게는 물론 주위 사람들에게도 불편을 끼치게 된다.

강박성 성격장애를 가진 사람은 사소한 일, 별 의미가 없는 규칙, 시간 등에 집착하다가 큰일의 흐름을 놓친다. 예를 들어, 사소한 일을 완벽하게 처리하다가 보다 큰일을 수행할 기회를 놓치기도 하고 기회를 잡았다고 해도 수행결과는 별로 좋지 않다. 지나친 업무 수행에 대한 집착 때문에 여가 활동시간을 가지지 못하고 우정관계를 소홀히 한다. 지나치게 양심적이고 융통성이 없고 무가치한 물건을 버리지 못하고 간직한다. 모든 일에 인색하여 융통성이 없고 경직하고 완고하다.

지나친 완벽 성향 때문에 효율성을 잃고 삶의 가치가 손상된다. 일의 순서를 결정하지 못하고 결국에는 아무 일도 하지 못하는 결과를 가져온다. 강박성 성격장애는 감정 표현이 어렵다. 이성과 도덕성을 중시하며 충동적으로 행동하는 사람을 멀리한다. 강박성 성격장애는 가족과 자신에게 매우 인색하다. 예기되는 재앙에 대비하기 위해 저축이 필요하다고 생각한다.

강박성 성격장애는 전체 인구의 1%, 전문기관 방문자의 3~10%를 차지한다. 강박성 성격장애의 성차는 크다. 남성이 여성보다 많다. 강박장애 가운데 강박성 성격장애가 차지하는 비중이 크다. 강박장애와 강박성 성격장애의 진단용어는 비슷하지만 이 두 가지는 엄격하게 구분·사용되어야 한다. 강박성 성격장애는 심리 성적 발달단계에서 항문기에 고착된 현상이다.

강박성 성격장애는 오이디푸스기의 불안 때문에 항문기의 관계를 퇴행한 상태라고 보는 견해가 지배적이다. 항문기에 고착된 사람은 규칙적이며 완고하고 인색하다. 자기회의적이며 도덕적 의식 수준이 높다. 항문기적 성격은 어머니의 양육태도에 의해 결정된다. 어머니에게 정확한 시간에, 주어진 장소에서 규칙적 배변훈련을 받은 사람은 시간을 지키고, 자기를 통제한다. 이것이 곧 강박성 성격장애로 발전하게 된다. 강박성 성격장애의 어려운 감정 표현도 배변과정에서 경험한 갈등과 밀접한 관계가 있다. 어머니의 과잉통제적 양육이 강박성 성격장애를 유발하는 원인이 된다. 이들은 바람직한 행동에 대한 보상보다는 잘못된 행동에 대한 처벌을 받은 경험이 많다. 이들은 부모의 벌을 피하기 위해 자기를 통제하여 완벽주의를 추구하는 습관이 있다. 부모에 대한 분노나 거부의 감정 때문에 의존하기보다는 자립하려는 욕구가 강하며 바람직한 감정 표현을 억제하며 도덕성을 강조하는 내면세계를 추구하게 된다.

개인의 독특한 신념체계가 강박성 성격장애를 유발하는 원인이 된다. 나는 나 자신뿐만 아니라 내 주위까지도 완벽하게 통제해야 한다. 나는 실수를 범해서는 안 되는 존재다. 규칙이나 일정한 절차가 없으면 아무것도 할 수 없을 것이다. 이들은 일을 완벽하게 수행하지 않으면 실패한다는 생각을 가지고 있기 때문에 어떤 일도 선불리 시작하지 못한다. 이들은 사소한 실패도 큰 재난으로 생각할 만큼 지나친 완벽성을 추구한다.

강박성 성격장애의 치료도 다른 성격장애의 치료와 마찬가지로 쉽지 않다. 실제 치료에서는 신뢰성이 보장된 치료관계를 형성하는 것이 무엇보다도 중요하다. 이들은 정서표현을 억제하고 대인관계의 중요성을 대수롭지 않게 생각하기 때문에 치료관계를 형성하기가 매우 어렵다. 하지만 일단 친밀한 관계가 형성되면 치료자와의 약속은 성실하게 지키며 과제 수행도 양호하다.

인지행동치료의 기법을 도입할 때에 치료자는 내담자가 호소하는 현재의 문제에 초점을 두고 순차적으로 접근하는 것이 바람직하다. 치료자는 내담자로 하여금 자신의 부적응적 신념을 보다 냉정하게 생각하도록 하고 부적응적 신념을 적응적 신념으로 대체시키는 것이 보다 바람직하다.

제3장

사이코패스의
증후 및 진단

무공포증

　사이코패스에는 많은 증후가 수반된다. 이들 증후군의 증후를 분석해 보면 무공포증과 동정심 결여라고 하면 어떨까요? 비중이 크다는 사실을 알 수 있다. 이 증후는 많은 임상가들의 관찰에 의해 확인되었을 뿐만 아니라 객관적 자료에 의해 검증된 것들이다.

　우리 주위에는 정신병자도 아니요, 신경증 혹은 흔히 노이로제 환자도 아닌데 정상인과는 거리가 먼 행동을 일삼는 사람이 꽤 많이 있다. 그들은 자기 자신에게는 물론 그가 속한 지역사회에 적지 않게 부담을 준다. 이러한 성향이 뚜렷한 사람을 전문가들은 사이코패스라고 부른다. 선진국가의 통계를 보면 사이코패스는 전체 인구의 1%, 교도소 수감자의 12~25% 그리고 약물 오남용자나 알코올 과다 복용자의 65~85%를 차지한다는 사실을 알 수 있다.

그들에게는 여러 가지 공통된 특성이 있다. 그 가운데 하나가 무서운 것이 없는 무공포증이다. 그들은 무서운 사람도 없고, 사회적 규범도 무섭지 않다. 그들은 빈번히 범법행동을 한다. 죄를 짓고도 뉘우칠 줄 모른다. 비현실적인 목표를 세우고 그것을 추구한다. 자제력이 부족하다. 염치가 없다. 이것들이 사이코패스의 주요 진단기준이다.

2010년 미국의 에모리대학교 심리학 교수 스콧 릴리엔펠드(Scott Lilienfeld)는 특이한 연구결과를 발표해서 세인의 관심을 끌었다. 그는 미국 역대 대통령의 성격 특성이 궁금했다. 이에 대한 해답을 얻기 위해 미국 역대 대통령 가운데 몇 사람을 피험자로 택하였다. 여기에는 고인이 된 사람도 있고 현재 생존해 있는 사람도 있다. 대표적인 인물로는 시어도어 루스벨트(Theodore Roosevelt, 1858~1919), 존 F. 케네디(John F. Kennedy, 1917~1963), 프랭클린 루스벨트(Franklin Roosevelt, 1882~1945), 로널드 레이건(Ronald Reagan, 1911~2004), 빌 클린턴(Bill Clinton, 1946~), 조지 부시(George Bush, 1946~) 등이다. 버락 오바마(Barack Obama, 1961~) 대통령은 포함되지 않았다.

피험자들은 여러 가지 심리검사를 받았고 필요에 따라 심리학자와 면접을 가졌다. 세상을 떠난 대통령에 대한 자료를 얻기 위해 그가 재임기간에 수행한 치적을 조사하였을 뿐만 아니라 주변 사람을 면접하였다. 이 자료를 분석한 결과에서 연구자는 역대 대통령의 공통된 성격 특성으로 무공포증, 즉 무서운 것이 없다는 사실을 발견하였다.

극히 제한된 이 자료를 바탕으로 사이코패스와 저명한 정치지도에게 공통적으로 무서운 것이 없는 행동 특성, 즉 무공포증이 있다고 생각할 수 있다. 조심스럽게 한걸음 더 나아가면 사이코패스의 특징은 정치지도자에게도 있고 정치지도자의 특성은 사이코패스에도 있다고 말할 수 있다. 무서운 것이 없는 무공포증은 사이코패스와 정치지도자의 공유물인가?

정치지도자의 행동 특성으로서의 무공포증과 사이코패스의 행동 특성으로서의 무공포증, 무서운 것이 없는 것에 결코 같은 의미를 부여할 수 없다. 정치지도자의 무서움을 모르는 결정은 국가나 사회에 큰 도움을 주지만 사이코패스의 무서움을 모르는 행동은 자신의 생활질서를 파괴하고 사회질서를 유린하는 결과를 가져온다. 개인이 무서움을 모르고 감행한 행동 때문에 개인의 비극으로 이어지고 사회적 비극을 자초하는 사례가 많다.

동정심의 결여

사이코패스의 특성 가운데 큰 비중을 갖는 것이 정서적 결함이다. 그 가운데에서도 동정심은 사이코패스의 특성을 이해하는 데 있어서 매우 큰 비중을 갖는다. 정서적 동정심은 남의 마음을 이해하고 그에 대해 적절하게 반응하는 심리적 기능이다. 동정심에는 다음과 같은 세 가지가 있다.

다른 사람의 운동 장면을 보고 그의 동정심을 이해하는 운동성 동정심, 다른 사람의 내적 정신상태를 이해하고 그것을 바탕으로 그의 정서상태를 이해하는 인지적 동정심, 그리고 다른 사람의 정서적 반응을 기초로 하여 그의 정서특성을 이해하는 정서적 동정심 등이다. 정서적 동정심은 다른 사람의 정서표현에 대한 자신의 정서적 표현을 의미한다. 이 정서는 의미 처리과정에 의해 표출될 수도 있고 그와 같은 과정을 거치지 않은 것도 있다.

동정심은 생물학적 기제에 의해 그 기능이 수행된다. 다른 사람의 정서적 표출에 대한 정보는 피질하통로와 피질통로에서 이루어지는 기능특성을 통해서 얻어진다. 이들 통로에서는 지속적으로 혐오적 조건화 과정이 진행된다. 피질하통로에는 조잡한 자극에 대한 정보를 처리하고 피질보다 정확한 자극을 기호화하여 변별학습이 가능하도록 해 주는 기능이 있다. 피질통로에는 정서적 표출의 의미를 해석하는 기능이 있다. 이는 정서를 명명하고 목적지향적 행동을 유발하는 기능이 있다.

정서적 동정심은 정서적 반응을 통합하고 표출하는 기능이다. 정서는 여러 가지 형태로 표출된다. 정서의 가장 일반적인 것이 안면표출이다. 여기에는 의사소통의 기능이 있다. 이는 다른 관찰자에게 특별히 의미를 제공한다.

정서반응에 포함되어 있는 통합기능의 체계는 자동적 표출의 통합이다. 동정적 반응은 비언어적 통합신호의 해석과정이다. 이 통합신호가 가지는 의미는 서로 다르기 때문에 그것을 해석하는 체계도 크게 다르다. 공포, 슬픔, 행복은 특정한 행동의 비율을 조정하는 강화제다. 공포안면은 개체로 하여금 위험하거나 친숙하지 않은 사태를 회피하라는 혐오적 무조건 자극이다. 슬픈 얼굴표정도 혐오적 무조건 자극으로 다른 사람에게 슬픈 감정을 주기 때문에 미리 예비행동을 취하라는 신호가 된다. 이와는 달리 행복한 얼굴표정은 육욕적인 무조건 자극이다.

편도는 도구적 학습은 물론 혐오적 조건화, 육욕적 조건화 과정과 깊은 관계가 있다. 이를 보면 공포의 얼굴표정, 육욕적 얼굴표정, 슬픈 표정에는 정서강화제의 기능이 있다는 사실을 알 수 있고 이는 새로운 영상 기술로 이는 그 타당성이 입증되었다. 미국 정신건강연구소 기분불안장애 프로젝트의 책임자 제임스 R. 블레어(James R. Blair)는 2003년 「Philosophical Transaction of the Royal Society of London」(Series B. Biological Sciences, 358, 1431; 561~572)에 발표한 논문을 통해서 이 사실을 확인해 주었다. 그의 주장에 따르면 공포표현의 처리과정에서 편도의 기능이 큰 비중을 차지한다고 한다.

편도의 기능손상은 일반 표출인지기능은 물론 공포의 인지기능의 손상으로 이어진다. 하지만 슬픈 표정 기능의 손상으로 쉽게 이어지지는 않는다. 우리의 일상생활에서 불쾌한 표정은 상대방의 행동에 강화제가 된다. 상대방에게 음식 정보를 제공할 때 불쾌한 표정은 매우 흔한 강화제가 된다. 이는 미각 혐오를 급진적으로 일으키기 때문이다.

불쾌한 얼굴표정은 타인의 불쾌한 반응을 유발한다. 다른 사람의 불쾌한 반응을 보면 뇌의 랑게르한스섬에서 미각 혐오반응을 일으킨다. 이때 불쾌한 표정은 무조건 자극으로 새로운 반응을 유발하게 된다. 개인의 분노경험에는 다른 사람이 사회적 규칙이나 기대가 위협을 받았을 때에 다른 사람의 행동을 억제하고 싶은 기능이 있다. 유충상호작용을 하는 경우에는 현재의 행동반응을 조정하는 중요한 신호를 제공한다. 다시 말하면, 분노표출은 반전반응을 유발할 수 있다. 반전반응행동에는 전두엽의 안와부과 복부

측면의 활동이 깊이 관여한다. 흥미 있는 것은 측부안와부 전두피질은 분노표출에 의해 각성을 일으키고 반전반응에는 보상 변화를 유발하는 기능이 있다.

데오리 오브 마인드와 동정심

데오리 오브 마인드(Theory of Mind: TOM)는 자기 자신의 신념, 의도, 욕구, 지식 등을 이해하는 심리적 기능을 말한다. 이 장애는 자폐증, 조현병, 주의력결핍장애에서 흔히 일어나는 증후이다. 그러면 TOM과 사이코패스와는 어떤 관계가 있는가?

사이코패스의 동정심 특성은 피부전도반응 측정과 안면 인지능력 측정결과를 바탕으로 평가한다. 또 동정심의 특성을 검사하기 위해 조건화 실험방법을 도입하기도 한다. 이 과정에서 피험자가 다른 사람의 불쾌한 자극에 대해 얼마나 예민하게 반응하는지 그 수준을 결정하기도 한다. 피험자의 피부전도 특성을 검사하기 위해 실험자는 피험자에게 슬픈 안면표정, 위험한 자극, 혹은 중성적 자극을 제시하고 피험자의 피부전도반응을 측정한다.

슬픈 얼굴표정에 대한 사이코패스의 피부전도반응은 정상인의 반응과 크게 다르게 나타난다. 그러나 분노 자극에 대한 반응에서는 특이점이 나타나지 않는다. 이와 같은 사실을 보면 사이코패스의 동정심은 특정한 표현에 따라 선택적으로 작용한다는 점을 알수 있다. 사이코패스는 다른 사람의 얼굴표정이나 정서적 표출을 정확하게 인지할 수 있을까? 이에 대한 해답을 얻기 위해 행해진 실험에서 실험자는 사이코패스 성향이 있는 아이들과 사이코패스 성인이 슬픈 표정이나 혹은 공포표출을 인지하는 기능이 크게 떨어진다는 사실이 밝혀졌다. 특히 사이코패스 성향이 높은 아동은 슬픈 표정을 인지하는 기능이 크게 떨어졌다. 이것은 성인 사이코패스의 슬픈 표정 인지능력의 저하 수준과 다르다. 일반적으로 사이코패스 성향이 있는 아이들이나 사이코패스 성인은 공포표출 인지기능이 크게 떨어진다.

앞서 소개한 자료를 보면 사이코패스의 동정심은 대상에 따라 선택적으로 손상된다는 점을 알 수 있다. 사이코패스는 공포, 슬픔의 장면에 직면하였을 때, 그리고 싫증/혐오 장면에서 동정심의 수준이 크게 손상을 받는다. 아직까지 분노, 행복, 놀람의 자극에 직면하였을 때 동정심이 떨어진다는 연구결과는 발표된 것이 없다. 표출된 자극에 대한 동정심의 저하현상은 연구자에게 큰 흥밋거리가 되었다. 안와복측 전두엽 피질의 손상이나 혹은 신경학적 손상이 있는 정신장애는 표출처리가 불가능하다. 특히 분노표출에는 동일하게 작용하지 않는다.

사이코패스의 특징으로 TOM의 기능저하를 들 수 있다. TOM은 일종의 인지적 동정심으로 자기 자신은 물론 다른 사람의 사고, 욕구, 신념, 의도의 내적 상태를 이해하고 미래를 예언하는 능력이다. 사이코패스의 TOM 수준은 어느 정도인가? 두 변인 간의 관계는 있는가? 많은 사람들은 두 변인 간에 밀접한 관계가 있는 것으로 알고 있다. 그러나 불행하게도 이 두 변인은 전혀 관계가 없는 것이 실험적으로 입증되었다. 사이코패스에는 TOM 기능이 없다. 이것이 정상인과 다른 점이다.

두 변인 간의 관계를 다룬 논문 네 편 가운데 한 편만이 긍정적 가정을 받아들이고 있다. 두 변인 간의 관계를 보다 긍정적으로 발전시키기 위한 연구와 서로 다른 측정도구를 사용한 연구가 수행되었지만 예기했던 가설을 지지할 만한 연구결과는 없다. 사회적 행동수준이 높은 피험자들을 대상으로 한 연구에서 의미 있는 관계를 발견하기는 어려운 것이 현실이다.

허비 클렉클리의 정신병리 증후 모델

사이코패스 증후의 진단방법은 1980년대에 와서 크게 발전하였다. 종래의 진료자들은 환자에 대한 임상적 관찰을 통해서 얻은 자료를 임의로 해석하는 방법을 사용하였다. 이와는 달리 현대 진료자들은 임상적 관찰자료는 물론 객관성이 보장되는 새로운 측정도구를 사용한다. 그들은 환자의 증후 특성을 측정하고 그 결과를 조작적으로 정의하고 그것을 바탕으로 진단하고 치료한다. 이와 같은 변화의 기초를 제공한 사람은 미국의 정신건강의학과 의사 허비 클렉클리와 캐나다 출신의 로버트 헤어다. 이들의 공로로 사이코패스의 이론적 모델도 다양해졌고, 이 모델을 바탕으로 개발된 측정도구도 지속적으로 사용되고 있다.

클렉클리는 제임스 프리처드의 주장을 계승하여 현대 사이코패스 연구의 기반을 구축하였다. 그는 1941년에 출간한 그의 저서 『건강의 가면(The Mask of Sanity)』에 사이코패스의 임상적 특성을 소개했다.

사이코패스의 주요 증후는 연구자나 치료자의 교육배경이나 임상 경험에 따라 크게 다르게 평가되고 진단된다. 물론 그들 간에 공통적으로 주장하는 증후도 많이 있다. 『건강의 가면』에는 사이코패스의 증후가 소개되어 있다. 양심의 가책이 없다. 동정심이 없다. 대인 애착심이 없다. 사회적 정서가 결여되었다. 경험을 통해 또 벌을 받고도 새로운 것을 학습하지 못한다. 죄의식과 사랑의 정서가 결여되어 있다. 현대 사이코패스 전문가들 가운데 사이코패스를 냉정, 죄의식의 결여, 자기중심성, 충동조절 기능손상, 동기 결여, 반사회적 행동의 통합산물이라고 보는 사람도 많이 있다.

앞에서 소개한 사이코패스의 주요 증후는 성인의 행동 특성들이다. 그러면 아동 및 청소년에게는 사이코패스가 없다는 말인가? 물론 그것은 아니다. 성인 사이코패스의 행동 특성은 아동 및 청소년의 행동 특성을 바탕으로 성장 발달한 것이다. 초기의 사이코패스 전문가들은 임상증후에 대한 자료를 대부분 교도소에 수감 중인 죄수들의 행동관찰에서 얻었다. 이것이 곧 성공하지 못한 사이코패스의 임상증후 자료였다. 2000년대에 와서 전문가들은 '성공적 혹은 적응적 사이코패스' 의 행동관찰에 관심을 가지게 되었다. 이들은 정서적으로나 대인관계에 전혀 문제가 없다. 사회적 문제가 없고 크게 성공하였거나 성공할 가능성이 많은 사람들이다.

『건강의 가면』은 현대 사이코패스 연구의 초석이 되었다. 그의 주장에 따르면 사이코패스는 매우 정상적이고 활기가 넘쳐 보이지만 사실

그것은 하나의 가면에 지나지 않는다고 주장하였다. 그는 죽음을 앞두고 여성 환자에 대한 사례를 체계적으로 정리하였다. 그것은 1956년에 출판물로 나왔다. 이는 다시 1957년에 다시 〈이브의 세 얼굴〉이라는 제목의 영화로 제작되어 많은 사람의 관심을 끈 적이 있다.

클렉클리에 의하면 사이코패스는 여러 가지 단점도 있지만 장점도 있다고 한다. 정서적으로 냉정하고, 무서운 것이 없고, 범법행위를 하는 것은 단점이지만, 언변이 좋아 친구들과 다정한 대화를 하거나 지적 수준이 높은 것은 분명한 장점이다. 다만, 자기의 과거를 냉정하게 비판하며 긍정적 행동을 하지 못한다. 불행하게도 그들은 사소한 보상을 노리고 경솔하게 행동하기 때문에 교도소에서 세상을 보내는 사례도 많다. 그는 임상 장면에서 두드러지게 나타나는 증후군을 묶어 '허비 클렉클리 정신병리 증후표'를 제작하였다. 증후에 대한 자세한 정보는 〈부록 A〉를 참고하기 바란다.

로버트 헤어의 요인 모델

헤어는 캐나다 출신의 범죄심리학자이다. 헤어의 학술 활동은 매우 다양하다. 그는 사이코패스의 평가를 위해 로버트 헤어 정신병리 체크리스트를 제작하였는데, 이는 현대 사이코패스 연구자들이 선호하는 심리검사 중 하나이다. 〈부록 B〉를 참고하기 바란다. 그는 FBI(Federal Bureau of Investigation)의 아동 살인 연구센터(CASMIRC)에서 자문역을 역임했을 뿐만 아니라 1995년에는 NATO

의 한 기구인 정신병적 행동의 발전 연구소의 소장직을 맡았다. 이를 계기로 그는 스페인 여왕의 경제적 후원을 받아 보다 광범위하게 사이코패스에 대한 연구를 할 수 있게 되었다. 그는 새로운 분야에 공헌한 공로가 인정되어 2010년 캐나다 정부로부터 작위 Member of the Order of Canada를 받은 바가 있다.

헤어의 PCL은 1991년과 2003년에 개정되었는데 그것이 PCL-R이다. 이 척도는 20개의 문항으로 구성되었다. 헤어는 1995년 스티븐(D. Stephen) 등과 함께 PCL-SV를, 2003년에는 PCL-Y를 출판하였다. 이들 척도는 사이코패스 진단의 표준 진단도구로 널리 사용되고 있다. 이는 정동적 기준(요인 1)과 사회적 일탈(요인 2)을 결합한 진단척도로 높은 신빙성과 타당도가 입증되었다.

이 체크리스트는 유럽과 북미의 교도소에서 널리 쓰이고 있다.

PCL-R은 범죄자의 행동에 대한 정보를 얻기 위해 만들어진 것이다. 이는 헤어가 허비 클렉클리의 진단기준, 윌리엄 매코드(William McCord)와 존 매코드(Joan McCord)의 범죄의 새로운 개념, 그리고 자신이 캐나다에서 얻은 임상경험을 바탕으로 해서 연구, 제작된 것으로 현재 세계적으로 매우 널리 활용되고 있다.

PCL-R은 범죄자에 대한 정보를 수집하는 데 일차적 목표를 두고 있다. PCL-R을 사용한 범죄자에 대한 정보는 상담자와 내담자 간에 이루어지는 1:1 대면을 통해서 얻을 수도 있고, 내담자 자신의 자기평가에 의해 얻을 수도 있고, 범죄자의 파일 검색을 통해서 얻을 수도 있다. 높은 PCL-R 점수는 범죄자의 공격성, 마키아벨리 특성, 지속적 범죄 가능성을 예언하는 데 큰 도움이 된다. 이를 통해 동정심의 낮은 수준을 예측할 수 있다.

PCL-R은 4개의 주요 요인으로 구성되어 있으며 각 요인은 서로 다른 도메인으로 구성되어 있다. PCL-R을 구성하는 4요인 및 그 주요 도메인의 기능은 〈표 3-1〉과 같다.

〈표 3-1〉 PLC-R을 구성하는 4요인 및 주요 도메인의 기능

요인	주요 도메인
I. 대인관계	1. 언변이 뛰어나고 피상적 매력 2. 자기 가치의 과대 평가 4. 병적 거짓말 5. 교활한 속임수
II. 정동	6. 죄책감/후회 없음 7. 인정이 없음 8. 동정심 부족 16. 자기 행동에 대한 책임 회피 3. 신기성 추구 / 쉽게 지침
III. 생활 스타일	9. 타인에게 기생하는 사람 13. 현실적 / 생활목표 없음 14. 충동성 15. 무책임
IV. 반사회성	10. 행동통제 미숙 12. 문제행동 조기반성 18. 비행소년 19. 가석방 취소 20. 다양한 범죄

빅 5모델

　루이스 골드버그(Lewis Goldberg)는 FFM 모델을 기반으로 빅 5모델을 개발하였다. 빅 5모델 검사자료는 형용사 자료 분석에서 얻은 것으로 이는 FFM 모델이 사용한 문항의 문항과 유사한 점이 많다.

　FFM 모델(Five Factor Model: FFM) 혹은 OCEAN 모델은 폴 코스타(Paul Costa)와 로버트 맥크레(Robert McCrae)가 공동으로 개발한 모델이다.＊ 이들은 유충을 형성하는 성격질문지에서 얻은 자료를 요인 분석하여 다섯 가지 중요 요인을 발견하였다. 그에 관계되는 요인은 〈표 3-2〉를 참고하기 바란다.

〈표 3-2〉 빅 5요인 차원과 그에 관계되는 중요 도메인

5요인 차원	그와 관계되는 도메인
1. 외향성-내향성(E)	사교성 / 주장 / 활동 / 흥분-추구 / 긍정적 정서 / 온정
2. 동조성-반항적(A)	신의 / 진실성 / 이타적 / 복종 / 정중 / 부드러움
3. 양심적-행동방향 결여(C)	능력 / 질서 / 성실 / 과제성취 / 자기교양 / 심사숙고
4. 신경증적 경향성-정서적 안정(N)	불안 / 적개심 / 우울 / 자각 / 충동성 / 변덕
5. 개방성-경험 폐쇄(O)	아이디어 / 환상 / 심미 / 활동 / 느낌 / 가치

＊ FFM 모델을 바탕으로 개발된 심리검사에 대한 문헌은 Costa, P. & McCrae, R.의 Revised NEO personality Inventory(NEO-Pi-R)와 NEO-Five Factor Inventory(EEO FFI) Manual Psychological Assessment Resource(1992) 글을 참고하기 바란다.

토마스 위디거(Thomas Widiger)는 2002년 DSM-IV-TR에 의한 성격장애 진단의 약점을 보완하여 FFM 모델을 주장하고 그를 바탕으로 성격 측정도구를 개발하였다. FFM에 따른 성격 측정은 단계적으로 수행해야 한다.

첫째 단계에서는 개인의 FFM 정보를 수집한다. 자기보고, 반구조적 면접, 아동기 간소형 평가척도를 사용한다. 이 단계에서 수집한 자료만으로 그에게 성격장애의 유무를 평가하기는 어렵다. 둘째 단계에서는 FFM 상에서 현저하게 높은 특성이 어떤 것인지를 발견한다. FFM의 30개 특성 중에서 특히 낮은 특성을 발견한다. 진단자는 부적응 특성을 평가할 방법을 마련해야 한다. 셋째 단계에서는 저하된 기능이 성격장애로 진단할 수준까지 이르렀는지 그 수준을 결정해야 한다.

FFM 성격장애는 차원적 개념을 바탕으로 이해해야 한다. 특히 연속선상의 구별은 분명히 해야 한다. 입원을 요하는가, 약물치료가 필요한가, 장애에 대한 소득은 어떤 것이며 그 수준은 어느 정도인가가 분명하게 구분되어야 한다. 하지만 DSM-IV-TR에 의한 성격장애는 이러한 임상적 의사결정에 전혀 도움이 되지 않는다. 그러므로 DSM-IV-TR에 의해 진단된 성격장애에서는 어떤 임상적 유용성도 발견할 수 없다. 이와는 달리 차원적 분류는 진단역이 서로 달라서 공공 건강관리에도 큰 도움을 준다. 넷째 단계에서는 개인의 성격 프로파일을 FFM 프로파일과 비교해야 한다. 이를 위해 두 개의 프로파일을 상관시키는 방법을 쓴다.

FFM 진단모델에 의한 성격장애의 개념화에는 여러 가지 장점이 따른다. 무엇보다 장애의 원인, 진행과정, 시간적 안정성, 유전적 특성에 관계되는 축적된 과학적 정보를 얻을 수 있다. FFM 모델에 기초한 성격장애 연구는 DSM-IV-TR 성격장애 연구에 큰 도움을 준다. DSM-IV-TR 진단요람에는 동시발병 현상과 적절하게 변별할 기능이 결여되어 있다.

FFM 모델은 성격장애를 적절하게 변별하지 못한다는 것이 일반적 비판이다. 아직까지 우리에게는 성격장애를 정확하게 변별할 수 있는 정확한 척도가 없다. 이는 서로 다른 증후처럼 보이나 서로 중복되어 있다. DSM-IV-TR 성격장애를 평가하는 척도의 문항은 중복되기 마련이다. 왜냐하면 이 척도는 동일한 특질을 서로 공유하고 있기 때문이다.

성격장애를 분류하고 진단하는 데 여러 가지 차원적 분류체계가 활용된다. 이 분류체계를 수용할 때 성격장애의 특성을 우선 수량화시킬 수 있다. 이는 곧 나타난 증후의 정도를 표기할 수 있다. FFM 모델은 원래 정상인을 대상으로 개발된 것으로 주요 성격 특성의 차원을 개발하는 데 목적이 있었다. 후에 이 모델은 여러 이상집단에서 나타나는 병적 상태를 진단하는 데 널리 활용되었다.

2000년대에 와서 그것은 성격장애의 개념들 간의 관계를 설명하는 데 활용되었다. 2002년 이후 켄터키대학교 토마스 위디거와 폴 코스타는 미국 노화연구소에서 FFM의 개념과 성격장애의 관계를 집중적으로 추적 조사하였다. 그들은 임상적 표집, 지역주민, 그리고 대학생들을 피험자로 하였다. 이 연구에서 FFM의 성격 특성과 성격장애의 특성은 밀접한 관계가 있음을 발견하였다. 외래환자를 대상으로 한 연구에서는 FFM과 성격 특성 간에 높은 상관관계가 있음을 발견하였다. 따라서 FFM 점수가 성격장애에서 매우 큰 비중을 차지함을 발견할 수 있었다.

미국 정신의학회가 전통적인 유목적 진단체계를 차원적 진단체계로 전환시키는 데에는 리차드 번스타인(Richard Bernstein)의 연구가 크게 도움이 되었다. 그는 2006년 Clincal Psychology: Science and Practice에 발표한 논문에서 정신건강의학과는 의사들에게 매우 유용한 충고를 했다. 그들은 국제정신장애연구회와 성격장애연구회의 회원 80% 이상이 성격장애에 대한 올바른 이해를 위해서는 차원적 진단체계를 도입할 필요가 있다고 충고했다. 이들의 충고를 받아들인 미국 정신의학회는 DSM-IV-TR을 수정판에서 전통적인 유목적 진단체계 대신 차원적 진단체계를 공식적으로 수용하게 된 것이다. 특히 DSM-IV의 개정작업에서 주역을 담당했던 프랜시스 앨런(Frances Allen)은 DSM-5 개정작업에서 차원적 진단체계를 도입하는 데 결정적 역할을 했다.

PEN 모델

한스 아이젱크(Hans Eysenck, 1916~1997)의 성격이론을 뒷받침하고 있는 것이 PEN 모델이다.* PEN 모델은 3개의 도메인 (1) 외향

---

* PEN 모델을 바탕으로 개발된 심리검사에 대한 문헌은 한국판 아이젱크 성격검사 실시 요람(이현수, 학지사, 2012)을 참고하기 바란다.

성-내향성(E), (2) 정서적 안정성-정서적 불안정성 혹은 신경중적 경향성(N), (3) 정신병적 경향성-충동성 통제차원(P)으로 이루어졌다.

PEN 모델은 유목적 성격모델과 크게 다르다. 이 모델은 유전적, 선천적 특성을 바탕으로 형성된 것으로 개인의 생리적, 신경학적, 생화학적 특성에 큰 비중을 둔다. 개인의 특성은 사람에 따라 크게 다르다. 외향성은 높고, 신경중적 경향성은 중간 정도일 수 있고, 정신병적 경향성은 낮을 수 있다. 이것이 차원적 성격 특성의 기본이다. 이와 같은 차원적 혹은 계기적 성격 특성은 정신병 환자에 대한 연구에서 세 가지 점이 분명하게 입증되었다.

첫째, 정신병적 증후나 질병은 서로 무관한 것이 아니고 유전적으로 관계가 있어 질병수준을 결정하는 과정에서 서로 밀접한 관계를 가지며 서로 영향을 주고받는다.

둘째, 정신병은 독립된 진단 실체도 아니고, 정상과 별개의 진단체계도 아니다. 이는 이상차원의 극단에 속해 있는 진단체계다. 여기에는 조현성 성격, 스펙트럼 장애, 사이코패스, 성격장애, 범죄, 알코올 중독 등 여러 장애가 포함된다. 성격차원으로서의 정신병적 경향성(Psychoticism)은 개인의 창조성과 깊은 관계가 있다. 창조적 기능은 정신병 혹은 광인과도 깊은 관계가 있다. 유전적으로 정신병적 특성을 타고난 사람은 매우 창의적이다.

셋째, 이들은 정신병적 경향성과는 물론 다른 조현형 측정결과와도 밀접한 관계가 있다. 이 연속선상에서는 척도의 수준에 따라 서로 다르게 진단된다. 외향성 점수가 높으면 사교적이고 낙관적이다. 이와는 달리 외향성 점수가 낮으면 조용하고 내성적이고 신뢰감이 있다. 신경증적 경향성이 높으면 불안하고, 걱정이 많고, 기분의 변화가 심하고, 안정성이 없다. 이와는 달리 신경증적 경향성이 낮으면 정서적으로 안정되어 있다. 정신병적 경향성이 높은 사람은 적개심이 심하고, 사교성이 결여되어 있다. 이와는 달리 정신병적 경향성이 낮으면 이타적이고 동정적이며 독창성이 결여되어 있다. PEN 모델에 기초한 성격특성은 한국판 아이젱크 성격검사(학지사, 1997)에 의해 측정된다.

사악한 세 가지 성격 모델

우리 주위에는 극히 질이 좋지 않은 세 가지 성격이 있다. 2002년 캐나다 브리티시컬럼비아대학교 심리학 교수 델로이 폴허스(Delroy Palhus)와 케빈 윌리엄(Kevin William)은 매우 공격적이고 사악하지만 다른 병적인 요소는 찾아보기 어려운 자기중심성격(Narcissism), 마키아벨리 성격(Machiavellianism), 그리고 사이코패스 성격(Psychopathy)을 묶어 사이코패스 이론을 체계하였는데 그것이 곧 사악한 세 가지 성격(Dark Triad Psychopathy) 모델이다. 이 사악한 세 가지 성격 모델 간에는 다소 차이가 있는 것은 사실이지만 거시적인 성격 측면에서는 크게 다르지 않다. 이들은 모두 반사회적 행동 혹은 일탈행동으로 묶어 생각할 수 있다. 우선, 사악한 세 가지 성격의 특성을 생각해 보자.

자기중심 성격

　자기중심 성격의 영문명은 물에 비친 자기의 모습을 연모하여 물에 빠져 죽은 후 수선화가 된 미모의 청년 나르키소스의 신화에서 유래하였다. 이를 과학적 성격용어로 최초로 사용한 것은 정신분석을 창시한 지그문트 프로이트(Sigmund Freud, 1856~1939)다. 나르시시즘은 자기 자신의 이미지에 사랑에 빠진 상태다. 나르키소스의 신화는 자기중심 성격이라는 전문 진단용어의 기반을 만들어 주었다. 나르시시즘은 임상적 특질로서, 또 진단용어로서 성격심리학자와 사회심리학자에게 관심의 대상이 되었다.

　자기중심 성격은 동정심이 없고 자기 스스로에 대한 칭찬을 즐긴다. 지나치게 낙관적 그리고 자기중심적으로 사고하고 행동한다. 우월성의 감정수준이 병적으로 높고, 자기의 권리를 강하게 주장한다. 허영심과 과대망상의 수준이 높다. 자신의 위상을 병적으로 높이 평가한다.

　자신에게는 영원한 행운이 보장되어 있다고 생각한다. 자기에게 불행이 올 것이라고는 전혀 생각하지 않는다. 사욕 충족을 위해 다른 사람의 권익은 생각하지 않고 행동하며 자신에게 주어진 권력을 이용해서 상대방을 제압하는 경향이 있다. 지나친 권위주의적 의식 때문에 성공의 기회를 잃는 경우도 있다. 자기중심 성격에서 나타나는 특이한 점은 남들이 칭찬해 주기를 바라며 자기 자신은 남에 비해 우월하다는 감정을 갖는 것이다. 자기는 선천적으로 우월성을 갖고 태어났기 때문에 주위 사람들로부터 칭찬받을 충분한 가치가 있다고 생각한다. 이것은 모두 합리성이 결여된 행운에 대한 신념의 산물이다.

자기중심 성격이 다른 사악한 성격과 유사한 점으로는 공격성이 강하고 사소한 일에 화를 잘 내며 충동적으로 행동한다. 노름을 할 때 훔치고 거짓말을 한다. 성적 대상이 매우 많다. 이와 같은 성향은 평생 지속된다.

최근에 전통적 자기중심 성격과는 유형이 다른 자기중심 성격이 개발되었다. 이것은 자기중심 성격(grandiose)으로 자기 스스로 자신을 과시하고 주위 사람들이 자기에게 관심 가져 주기를 바란다. 또 다른 특이한 자기중심 성격으로 '열악한 자기중심 성격(vulnerable/fragile narcissism)'을 들 수 있다. 이는 자기가 외부의 피드백 대상이 되기를 원한다.

자기중심 성격의 특성은 대중매체에 등장해서 주위 사람들의 관심을 끌고 싶어 한다. 이를 위해 특이한 복장을 하고 값진 장신구로 몸치장을 한다.

마키아벨리 성격

이태리의 외교관, 정치 철학가인 니콜로 마키아벨리(Niccolò Machiavelli, 1469~1527)는 1513년에 『군주론(Machiavelli Prince)』을 저술하였다. 여기에는 그의 정치사상과 책략이 담겨 있다. 그는 정치는 윤리의 속박에서 벗어나 군주에 의해 독자적으로 수행되어야 한다고 주장하였다.

그는 권모술수에 능란한 정치가로서 자기이익 추구를 위해 거짓말을 잘하고, 어려운 일도 잘 극복해 나가며 사람을 잘 다스렸다. 여기에는 부정적인 요소가 다분히 내포되어 있다. 그는 실용성을 바탕으로 사람을 평가한다. 개인의 인격 등은 고려하지 않는다. 인간을 가치교환의 한 수단으로 간주한다. 그의 저서에는 정치력을 장악하는 새로운 책략이 기록되어 있다. 이 새로운 책략에는 전통적 사회 가치를 버리고 실용적 가치가 강조된다. 그러므로 기회주의적이며 사기를 일삼는 사람을 긍정적으로 평가하게 된다.

1970년 리차드 크리스티(Richard Christie)와 플로렌스 가이스(Florence Geis)는 저서 『마키아벨리주의 연구(Studies in Machiavellianism)』에서 마키아벨리주의의 특성을 밝히고 마키아벨리 성격을 변별하는 검사를 개발하였다. 마키아벨리 성격에는 다음과 같은 특성이 있다.

마키아벨리 성격은 자기만의 사욕 추구를 위해 주위 환경을 능숙하게 조정한다. 임기응변의 기술이 뛰어나다. 모든 경쟁에서 이기는 데 최우선 순위를 두고 사욕 성취를 위해서는 사회적 규범이나 도덕적 규율을 생각하지 않고 행동한다. 마키아벨리 성격은 일탈행동이나 불법행위를 통해 많은 보상을 얻는다고 생각한다. 하지만 거기에는 그에 못지않은 손실이 따를 수 있다는 점을 생각하지 못한다. 생각한다 해도 그 의미를 깨닫지 못한다. 불합리한 보상과 처벌을 생각하면서 행동한다. 불합리한 자기 자신의 행동에 대한 보상과 처벌에 대한 결과를 잘못 평가하고 그에 따라 행동한다.

가정이나 사회 가치, 윤리 가치는 전혀 고려하지 않는다. 마키아벨리 성격은 동조성과 성실성이 없다. 물론 그들에게도 긍정적 측면이 있다. 자기통제 감각이 뛰어나다. 자신을 외부에 노출시키는 데 관심이 있다. 자기의 욕구를 충족시키기 위해서 권모술수를 부린다. 자기욕구 충족을 위해 보복을 하고 거짓말을 잘한다. 마키아벨리 성격은 외관상 지적 수준이 높아 보인다. 그러나 지능검사를 해보면 지능지수가 높지는 않다. 실제 정서적 지능은 크게 낮다.

마키아벨리 성격은 자신의 수입에 대해 깊은 관심을 갖는다. 외관상 마키아벨리 성격의 수입은 많을 것 같으나 사실은 크게 다르다. 일부 교육수준이 높은 사람의 경우에는 두 변인 간에 의미 있는 관계가 있으나 교육수준이 낮은 집단에서는 두 변인 간에 부적 상관관계가 있다. 이는 곧 교육수준이 높으면 수입이 떨어지고 교육수준이 낮으면 수입이 높다는 것을 의미한다.

마키아벨리 성격은 일반적으로 관리자의 감독을 받지 않고 자율적 분위기에서 일할 때 과제 수행 성적이 높다. 그러나 잘 짜인 감독 체계에 따라 움직이는 직장 내에서는 마키아벨리 성격의 업무 수행 결과가 크게 떨어진다. 마키아벨리 성격은 낭만적으로 행동하고 사기행각을 벌이는 사례가 많다. 마키아벨리 성격의 강도는 남녀 성별 차이가 크다. 남성의 성격 강도는 여성의 강도보다 높다. 이는 연령과는 물론 무차별적 성행위와 긍정적 상관관계가 있다.

사이코패스 성격

사이코패스 혹은 사이코패스 성격의 역사는 프랑스 근대의학의 창시자 필리프 피넬로부터 시작되었다. 과학적 방법을 도입한 사이코패스의 기초를 닦고 발전시킨 것은 미국의 의사 클렉클리다. 그는 정신병원의 환자에 대한 관찰자료를 바탕으로 사이코패스의 개념을 체계화하고 그 측정방법을 도입하였는데 그것이 곧 현대 사이코패스에 대한 과학적 연구의 기틀이 되었다.

사이코패스는 두 요인으로 구성되었다. 첫째 요인은 일차적 혹은 도구적 사이코패스라고 부른다. 이 요인은 정동 부족, 동정심 결여, 냉정한 대인관계의 특성을 측정하는 것으로 이런 특성이 두드러진 사람을 때로는 정서적으로 안정된 사이코패스라고 부른다. 둘째 요인은 이차적 혹은 적개적/반응성 사이코패스라고 부른다. 이 요인은 사회적 권모술수와 관련되는 것으로 공격적이고 충동적이며 신경증적이다.

사이코패스는 여러 가지 대인관계 문제가 따른다. 동조성이 낮고 성실성이 부족하며 신경증적 경향성 수준이 매우 낮다. 반면, 외향적이고 경험을 모두 공개하는 면이 강하다. 성적 공격이 심하고 배우자에 대한 폭행이 심하다. 습관적으로 간통을 하고 배우자를 가로채는 경향이 있다. 사이코패스는 다른 사악한 두 성격과 다른 점이 있다. 남녀 성별 차가 크다. 마키아벨리 성격상에서는 남녀 성별 차가 별로 크지 않다.

사이코패스 성격은 위험에 대한 정확한 판단을 하지 못한다. 또 장차 자신이 직면하게 될 부정적 사건을 전혀 예기하지 못한다. 자기통제 기능이 부족하기 때문에 불공정한 유혹을 뿌리치지 못한다. 이는 곧 부패로 이어진다. 사이코패스 성격은 충동적으로 행동하고 온정적 대인관계를 가지지 못한다. 사회적으로 혐오감을 주는 행동을 빈번하게 한다. 사이코패스의 행동은 앞에서 말한 마키아벨리 성격이나 자기중심 성격의 행동과는 다르다.

사이코패스 성격은 행동은 뇌의 신경학적 구조 손상의 산물이라는 사실이 현대의학 기술로 밝혀졌다. 사이코패스 성격의 행동 특성은 복내측 전두피질과 편도체가 손상된 환자의 임상적 증후와 매우 유사하다는 점에 유의할 필요가 있다.

앞에서 사악한 세 가지 성격의 임상적 특징을 살펴보았다. 이들의 행동 특성은 미시적으로 보면 각각 특이한 점이 있다. 성격유형에 따라 임상적 특징도 다르게 나타난다. 이들의 미시적 성격 특성을 거시적 관점에서 보면 공통된 특성이 쉽게 발견된다. 사악한 성격은 어느 것이나 반사회적 성격이고 사회적 일탈행동이라는 점이다. 그들은 공통적으로 도박을 즐기며 거짓말을 잘한다. 사기를 치며 사이버 공격을 즐긴다. 지능 범죄에 연루되는 경우도 많다. 이들보다 차원이 높고 전문가들의 관심의 대상이 되는 반사회적 행동이 있는데 그것이 곧 부정부패, 혹은 부패다.

부패는 사회적 일탈행동으로 고의적으로 법을 어기고 도덕적 규범을 어긴다. 공권력을 남용하거나 오용해서 개인의 사욕을 충족한다. 그들의 궁극적 목적은 자신의 사욕을 충족시키는 데 있다. 부패는 자기에게 주어진 권리와 직책을 부당하게 남용하여 자신의 욕심을 쟁취한다.

이와 같은 행동은 사회질서를 해치는 결과를 가져온다. 부패는 정치적 안정을 떨어뜨리고 경제적 성장을 손상하며 사회적 동력을 해치고 사회적 불균형을 초래해 사회적·도덕적 규범을 해치는 결과로 이어진다. 부패는 두 가지 형태로 이루어진다. 부패는 다른 사람의 이익과 권리를 무시하고 자신의 이익 추구를 위해 뇌물을 주기도 하고 받기도 한다. 부패는 성격 특성과 밀접한 관계가 있다. 사람에 따라, 즉 개인의 성격 특성에 따라 부패에 연루되는 비율이 다르다. 일반적으로 사악한 성격은 다른 집단에 비해 부패에 연루되는 비율이 높다.

성격과 부패를 매개하는 것은 '행운에 대한 신념'이다. 이와 같은 사실은 베이징 사범대학 후안후안 자오(Huanhuan Zhao) 교수팀이 『Frontias in psychology』(2016. 7. 1~10)에 발표한 연구논문에 의해서 확인되었다. 행운에 대한 신념은 어떤 행동, 특히 일탈행동에 대한 불합리하고 잘못된 맹목적 판단을 의미한다. 어떤 사람은 게임에서 승리하기 위해 긍정적 밸런스의 결과를 불합리하게 높게 평가한다. 실제 확률보다 불합리하게 높게 평가한다. 또 같은 목적으로 부정적 밸런스의 부정적 밸런스를 가질 확률이 높은 것은 낮게 평가한다.

일반적으로 사람들은 부정적 밸런스를 가진 행동의 비율은 낮추고 긍정적 밸런스를 가진 행동의 비율을 높혀 자신에게 행운이 있는 것으로 생각한다. 그것은 불합리한 평가다. 그들은 긍정적 밸런스의 비율이 높은 행동을 보다 선호·추구하고 부정적 밸런스의 비율이 높은 행동을 혐오·회피한다. 이와 같은 행동은 통제와 밀접한 관계가 있다. 합리성이 결여된 행운에 대한 신념은 개인으로 하여금 부패의 매력에 빠져들도록 만들기 마련이다. 합리적 자기 행동에 대한 평가는 건전한 개인생활을 보장한다.

트라이 아키크 사이코패스 모델

2014년 플로리다대학교 심리학 교수 크리스토퍼 패트릭(Christopher Patric)과 로라 드리슬레인(Laura Drislane)은 잘못된 전통적인 사이코패스의 개념을 수정하고 그것을 현대적 측정법으로 측정하는 새로운 모델을 제시하였는데 이 모델에 따라 개발된 척도가 트라이 아키크 피엠 검사(TriPM)이다(〈부록 C〉 참조).

이 모델에서 세 가지 도메인 탈제지성, 철면피성, 비열성으로 구성되어 있다. 이 도메인의 타당성은 모두 생리적 기반이 뒷받침하고 있다. 트라이 아키크 사이코패스 모델의 구조는 정상성격과 이상성격의 차원적 모델과 깊은 관계가 있다. 이 모델의 이론은 사이코패스에 관계되는 이론과 그 측정방법을 도입하고 거기에서 발견되는 문제점을 보완하였다. 그들은 유목적 분류체계의 단점을 보완한 차원적 분류체계를 도입하였다. 차원적 분류체계에는 여러 가지 장점이 있다. 평가자와 평가시기가 달라도 보다 신빙성이 보장된 점수를 얻을 수 있다. 또 증후의 이질성을 이해할 수 있다. 사소한 증후는 물론 성격 특성에 대한 보다 유익한 정보를 얻을 수 있다. 트라이 아키크 피엠 검사는 다른 사이코패스 측정도구에 의해 그 구성 타당도가 입증되었다.

탈제지성

탈제지성의 특성은 여러 가지 표현행동으로 나타난다. 계획성이 없다. 정동과 충동의 자제력이 부족하다. 행동자제 능력이 크게 부족하다. 즉각적인 만족을 추구하는 경향이 있다. 이를 성격용어로 표현하자면, 충동성과 부정적 정동특성의 수준이 매우 높다고 말할 수 있다. 그 외에도 탈제지성 수준이 높은 사람에게는 여러 가지 행동 특성이 발견된다. 책임감이 없고, 인내심이 없다. 예견된 부정적 결과를 외면한 채 충동적으로 행동한다. 파괴적이고 주위 사람들과 어울리지 못한다. 주위 사람들로부터 신뢰를 얻지 못한다. 약물을 오용하거나, 음주에 탐닉하고, 불법행동이 심하고, 사회적 규범을 어긴다.

사이코패스의 중요한 특성은 여러 가지 형태의 외현적 행동으로 표출된다. 그럼에도 이와 같은 특성은 사이코패스와 동일한 차원에서 보지 않는 경향이 있다. 외현적으로 나타나는 행동은 불안이나 공포의 결여가 아니다. 그것은 부정적 정동수준이 높아진 상태다. 높은 외현화 수준은 아동기와 성인기의 내면화(불안, 기분) 상태와 깊은 관계가 있다. 외현화 경향의 수준이 선천성 철면피성과 비열성 수준이 높을 때에는 사이코패스로 진단한다.

철면피성

철면피성의 수준이 높은 사람은 외부로부터 어떤 위협이나 압력을 받았을 때 냉정하게 대처한다. 그들은 스트레스나 위험한 사태에서 빠르게 회복할 수 있다. 이들의 철면피성은 여러 가지 성격 특성과 밀접한 관계가 있다. 무공포의 우월성, 무례, 불굴성, 그리고 완고성과도 밀접한 관계가 있다. 철면피성 수준이 높을수록 침착성, 균형유지, 자기주장, 설득, 하찮은 말다툼 등과 같은 특이한 행동을 많이 한다. 여기서 철면피성은 두려움이 없는 것과는 크게 다르다는 점에 유의할 필요가 있다. 두려움을 모르는 것은 선천적으로 타고난 인자형이다. 이는 위협이나 벌에 대한 뇌의 방어 체계의 예민성을 저하시킨다. 철면피성은 두려움을 모르는 특성이 표현형으로 외부에 노출된 결과다.

사이코패스 연구자들은 철면피성에 큰 관심을 갖는다. 클렉클리는 사이코패스의 특성을 설명하기 위해 표현성 철면피성을 탈제지성과 결합하였다. 높은 사회적 효율성을 바탕으로 사이코패스를 진단할 때에는 불안이나 신경증의 결여, 정서적 반응의 결여 혹은 저하, 처벌에 대한 무감각, 낮은 자살률 등에 특별히 주의할 필요가 있다.

헤어는 1960~1970년대에 사이코패스에 대한 고전적 정신생리학적 연구에서 두려움을 느끼지 못하고 처벌에 대한 반응이 매우 무디다는 사실을 발견하였다. 여기서도 철면피성은 사이코패스의 특성에서 큰 비중을 차지한다는 사실이 재확인되었다.

비열성

비열성의 임상적 특성은 동정심의 결여, 타인에 대한 친근감 결여, 공격성, 흥분촉구, 감정폭발, 잔인한 권력과시, 냉담성, 절대적 태도 등으로 나타난다. 비열성은 범죄자와 비행소년의 행동 특성을 진단할 때 매우 유용하게 사용된다. 범죄자는 사랑의 감정이 없고, 죄의식도 없다. 주위 사람들에 대한 관심이 없고 그들과 유대관계를 맺기가 매우 쉽지 않다.

커퍼리트 사이코패스 모델

사이코패스의 한 부류로 커퍼리트 사이코패스(Corporate Psychopath)가 있다. 이는 회사, 사업체, 직장을 의미하는 커퍼리트(Corporate)와 성격장애를 의미하는 사이코패스(Psychopath)가 결합된 용어다. 커퍼리트 사이코패스는 회사나 사업장, 혹은 직장 내에서 사이코패스 특유의 행동을 하는 사람을 지칭한다. 2002년 로버트 헤어는 미국 경찰협회 초청강연을 마치고 나오는 길에 기자들로부터 사이코패스란 어떤 것인가하는 질문을 받고 이렇게 대답했다. "교도소에 수감되어 있는 사람이 사이코패스의 전부는 아니다. 최고경영자나 중역의 사무실에도 있다."

그의 대답은 많은 사람의 관심을 끌게 되었다. 그때까지만 해도 사이코패스는 범죄자, 폭행범, 살인자로 교도소에 수감되어 있는 사람으로 인식되었다. 이는 사이코패스의 실체를 잘못 이해한 결과이고 사이코패스에 대한 잘못된 정보의 근원이 되었다. 여기에 앞장선 것은 대중매체다. 이에 못지않게 큰 부조를 한 것은 사이비 과학자, 심리학자, 정신건강의학과 의사, 그리고 사회과학자들이다.

로버트 헤어가 지적한 바와 같이 교도소에 수감되어 있는 사람이 사이코패스의 전부가 아니다. 교도소 말고도 직장이나 일터는 물론 중역실에도 사이코패스가 앉아 있다는 뜻이다. 중역실은 사업가, 최고경영자 등이 업무를 다루는 곳으로 상징적 의미로 쓰인 것에 불과하다. 그것은 작업장, 일반 사무실, 매우 광범위한 사무실을 의미한다. 살인자, 폭행범, 범법자만이 사이코패스가 아니다. 그것은 직책이 낮은 집단, 사회적 위상이 낮은 직업, 군대에서나 볼 수 있는 것도 아니다. 사이코패스는 직업의 귀천을 가리지 않는다. 어디에서나 사이코패스를 쉽게 발견할 수 있다. 영국의 심리학자 케빈 더턴(Kevin Dutton, 1967~)은 2012년 그의 저서 『사이코패스의 지혜(Wisdom of Psychopaths)』에서 사이코패스가 선호하는 직업과 기피하는 직업을 10개씩 들었다.

사이코패스가 선호하는 직업

- 최고경영자
- 법관
- 대중매체(TV/라디오)
- 판매원
- 외과의사
- 기자
- 경찰관
- 성직자
- 요리사
- 행정사무관

사이코패스가 기피하는 직업

- 보육사
- 간호사
- 치료자
- 자선사업가
- 교사
- 예술인

- 장인
- 이발사

- 의사
- 회계사

커퍼리트 사이코패스는 직장이나 작업장에서 크고 작은 사이코패스 특유의 행동을 하는 사이코패스를 지칭한다. 그들은 다른 사람의 눈에는 유능한 관리자로 보인다. 그뿐만 아니라 두뇌가 명석하고, 외관상 매력적이며 권모술수가 능하다.

중간 관리자로 일하는 커퍼리트 사이코패스는 상사로부터 유능한 사원으로 인정받고 다른 동료들에 비해 승진도 빠르고 능력 있는 사람이 받게 되는 보직도 받는다. 커퍼리트 사이코패스에는 여러 가지 부정적 측면이 있다. 책임감이 없고 동정심이 없다. 직장에서 어려운 일이 발생하면 그 장면을 피할 뿐만 아니라 그 책임을 다른 사람에게 전가시키는 버릇이 있다.

사이코패스가 조직에 주는 부정적 영향은 매우 크다. 대표적인 사례는 2011년 미들섹스대학교의 클라이브 보디(Clive Boddy) 교수가 『Journal of Business Ethics』에 소개한 한 사례를 보면 세계적 금융위기를 유발한 것은 커퍼리트 사이코패스라고 한다. 커퍼리트 사이코패스는 직장 내에서 여러 가지 문제를 일으킨다.

커퍼리트 사이코패스는 여러 가지 형태로 종업원이나 동료를 괴롭힌다. 데이비드 맥스필드(David Maxfield)와 조지프 그레니(Joseph Grenny)의 조사결과에 의하면 작업장에서 일하는 종업원의 95%가 상급자인 커퍼리트 사이코패스로부터 괴롭힘을 당한 경험이 있다고 한다. 커퍼리트 사이코패스는 종업원을 협박하고 얕잡아 보는 습관이 있다. 이와 같은 행동이 당하는 개인에게만 큰 괴로움으로 끝나지 않는다. 그와 같은 행동은 작업장의 생산성 저하로 이어진다.

일반적으로 커퍼리트 사이코패스는 폭행이나 범죄를 저지르는 사람으로 인식되고 있다. 하지만 그를 접촉해 보면 다른 긍정적 측면을 발견할 수도 있다. 그들은 자기 자신의 욕구 충족을 위해 주위 사람들에게 호의를 베푼다. 권모술수를 부려 어려운 장면도 잘 극복해 나간다.

클라이브 보디 교수의 주장에 의하면 사이코패스는 전체 인구의 1%에 지나지 않지만 회사 상급사원의 3.5%는 사이코패스라고 한다. 그리고 회사 내에서 일어나는 불미스러운 일의 54.7~93.3%는 커퍼리트 사이코패스와 직간접으로 관계가 있다.

커퍼리트 사이코패스에는 여러 가지 행동 특성이 있다. 공공장소에서 동료에게 창피를 주는 것이 보통이다. 또한 동료를 조종한다. 강박적으로 거짓말을 한다. 이유 없이 다른 사람을 과찬한다. 표면적 매력을 과시한다. 자기중심적으로 행동하며 매우 냉정하다. 커퍼리트 사이코패스는 마키아벨리 성격과 자기중심 성격과 함께 다크 트라이어드 성격의 축을 이룬다.

마키아벨리 성격은 사람을 이기적으로 다루며 자기가 남에게 보다 잘 봉사하고 있다고 생각한다. 커퍼리트 사이코패스도 역시 다른 사람에 대한 배려중심 없이 자기중심적으로 행동한다. 이 점은 두 성격의 공통점이다. 자기중심 성격에서는 다른 '사악한 세 가지 성격'에서 찾기 어려운 특성이 있다. 그것은 곧 도덕적 양심이다.

커퍼리트 사이코패스는 직장의 구성원을 몹시 괴롭힌다. 그 후

유증은 여러 형태로 나타난다. 근로자는 심한 불안과 우울증을 겪게 된다. 지속적으로 슬픈 감정을 벗어나지 못할 뿐만 아니라 불면증에 시달리게 된다. 커퍼리트 사이코패스는 자신의 발전을 위해 남을 해치는 책략을 쓴다. 이는 상대방을 괴롭히는 수단은 될지언정 회사를 위해서는 전혀 도움이 되지 않는다.

관리자는 근로자를 지속적으로 괴롭힌다. 근로자는 감독자를 지속적으로 비난한다. 관리자를 피하고 그에게 필요한 정보를 제공하지 않는다. 근로자에게 일에 대한 흥미를 상실하는 결과를 가져온다. 그들의 마음은 회사에서 멀어진다. 이와 같은 커퍼리트 사이코패스의 책략은 어떤 특정한 회사나 기업체에 한정되지 않는다. 그것은 매우 일반화된 현상이므로 특정 소규모 직업에만 한정되지 않는다.

커퍼리트 사이코패스 연구의 권위자인 클라이브 보디의 주장에 의하면 커퍼리트 사이코패스는 글로벌 금융위기를 유발할 만큼 큰 힘을 갖는다고 한다. 단순히 자기 자신의 욕구충족 추구에 몰입한 커퍼리트 사이코패스는 자신이 속한 회사나 작업장의 발전에는 전혀 관심이 없다. 커퍼리트 사이코패스 중에는 장차 훌륭한 회사의 리더로 자질을 갖춘 것 같이 보이는 사람도 있다. 하지만 이들에 대한 관찰결과를 보면 그들에게서 도덕적 가치나 높은 윤리적 수준은 찾아보기 어렵다.

커퍼리트 사이코패스는 약자가 가진 재물을 빼앗아 오직 자신의 욕구충족을 위해 사용한다. 그것을 대중의 복지 향상을 위해 사용하지 않는다. 던랩(Al Dunlap)에 의하면 커퍼리트 사이코패스는 현재 자신이 갖고 있는 것에 만족하지 못한다. 그것보다 더 많은 것을 갖기 원한다. 그들은 현재의 자신에게 주어진 자리에도 만족하지 못한다. 그들은 보다 더 높은 자리를 욕심낸다. 그들은 자신의 욕구가 충족되지 않으면 도덕적 기준을 이탈한 행동을 선호한다. 결과적으로 그는 사이코패스 문화에 동화되어 거기에서 자기 나름의 성공을 얻으려고 한다.

신경과학적 특성 및 CU 특성 모델

뇌 촬영 기술 발달은 아동 및 청소년의 사이코패스 발달과정을 이해하는 데 크게 도움이 되었다. 편도에 대한 신경과학적 정보로 여러 가지 사실을 밝혀낼 수 있었다. 사이코패스의 특성이 두드러진 사람에서는 세로토닌의 분비가 현저하게 감소된다는 사실이 밝혀졌다. 체내의 세로토닌 분비가 과다하면 아동학대로 이어진다. 공격성과 시상하부–뇌하수체–부신 축의 활동에는 밀접한 관계가 있다. 순행성 공격성 수준, 반응성 공격성 수준, 그리고 두 공격성 수준에 따라 코르티솔 수준은 달라진다. 반응성 공격성이 높으면 코르티솔 수준이 증가하나 순행성 공격성이 높으면 코르티솔 수준은 증가하지 않는다. 이 경우 코르티솔 수준이 크게 증가한다. 사이코패스에서는 신경인지 현상(안면표정인지, 혐오적 조건화), 정서적 결정과제 수행 능력은 크게 떨어진다.

청소년의 반사회적 행동을 유발하는 요인 가운데 가장 비중이 큰 것은 C-U 특질이다. 이를 구성하는 주요 차원 및 그 측정 문항은 〈부록 D〉를 참고하기 바란다. C(Callous) 특질은 무감각하고 냉정한 특성이고 U(Unemotional) 특질은 정서적으로 공허감을 느끼는 상태다. C-U 특질은 무감각하고 냉정하며 정서적으로 공허한 심리적 상태다. C-U 특질은 성인 사이코패스의 요인 1(대인관계/정동)의 특성과 유사하며 이는 예후가 매우 좋지 않다.

이 특성의 수준이 높다고 해서 당장 문제행동이 나타나는 것은 아니지만 비행 가능성이 매우 높다. 그러므로 DSM-5는 C-U 특질을 행위장애의 진단기준으로 활용한다. C-U 특질은 사이코패스 성격진단의 기초가 된다. 여기에는 충동성, 무책임감, 망상과 같은 특성도 포함된다. C-U 특질의 수준이 높다고 해서 반드시 공격적으로 행동하거나 폭력을 행사하는 것은 아니다. 하지만 이러한 특성을 가진 소년의 대다수가 범죄를 저지른 경험이 있거나 그 가능성이 높다. 이들의 예후는 매우 좋지 않으며 학업성적이 나쁘고 반사회적 행동 가능성이 매우 높다. 그들 가족들은 대부분 반사회성 성격장애의 진단을 받은 사실이 있다. 그러므로 사이코패스와 비행과의 관계가 집중적으로 이루어져야 한다는 점을 생각할 수 있다.

C-U 특질에 따라 여러 가지 반사회적 행동 특성이 나타난다. C-U 특질의 점수가 낮고 문제행동을 하는 아이들은 인지적 결함이 있고 정서 제어가 어렵고 불안수준이 높다. 부정적 정서자극에 대해 반응성 반응을 한다. 이들은 동정심이 없고 죄책감이 부족하고, 자신의 잘못에 대해 후회하지 않는다. 그러므로 이들에서는 도덕성의 발달을 기대하기가 어렵다.

C-U 특질 수준이 높은 아이들에게는 여러 가지 행동 특성이 있다. 지적 퇴화수준, 불안수준, 제지 행동수준이 낮다. 새롭고 위험성이 높은 행동에 큰 매력을 느낀다. 정서수준이 낮다. 정서표현의 인지기능과 도덕적 사고기능도 낮다. 도덕 발달기능도 결여되어 있다. 위협이나 처벌에 대한 정서적 반응수준이 낮다. C-U 특질의 수준이 높으면 정서 인지기능이 떨어진다. 이는 눈에 대한 주의력이 떨어지기 때문이다.

C-U 특질은 심리측정학적 기술을 바탕으로 만들어진 질문지를 사용해서 평가한다. 대표적인 것이 폴 프릭(Paul Frick)과 스튜어트 화이트(Stuart White)가 제작한 C-U 차원 검사이다(〈부록 D〉). 이 질문지를 바탕으로 24개 문항으로 구성된 자기보고용검사가 개발되었다.

제4장

사이코패스의 유발요인

생물학적 요인

사이코패스는 순수한 심리학적 요인의 지식만으로 이해될 수 있는 것이 아니다. 그것은 여러 가지 생물학적 요인에 대한 지식을 바탕으로 이해되어야 한다. 연구자들이 사이코패스에 대한 생물학적 기초에 관심을 갖게 된 것은 1800년대로 그 역사는 매우 길다. 이를 입증하는 고전적 사례 하나를 보자.

피니어스 게이지 사례

피니어스 게이지(Phineas Gage, 1823~1860)는 미국 철로 침목 수선공장의 십장이었다. 그는 25세 때 작업 중 사고로 전두엽 손상을 입었다. 장기간의 치료 후 완전히 회복되어 직장으로 복귀하였으나 불행하게도 그의 성격과 행동에 여러 가지 큰 변화가 일어났다. 이 사례연구에서 성격변화는 뇌의 기능변화와 밀접한 관계가 있다는 사실이 밝혀졌다. 이를 계기로 사이코패스에 대한 진단기술은 큰 변화를 외면할 수 없게 되었다.

1990년대에 와서 임상가와 연구자는 임상적 관찰자료, 면접자료, 그리고 심리검사의 결과에 전자기술의 산물인 자기공명영상(MRI 혹은 fMRI)을 도입하였다. 이 기술의 창시자는 이탈리아 생리학자 안젤로 모소(Angello Mosso, 1846~1910)이다. 그는 19세기 초에 신경영상기술을 발견하였는데 이것이 인간 순환균형 측정의 효시이다. 이 기술이 1972년경에는 X-선을 이용한 X-선 단층기술로 발달하였다. 이 기술을 바탕으로 새로운 기술이 발달되었는데 그것이 양전자방출단층촬영(PET)이다. 이는 양전자방출을 이용하는 핵의학 검사방법 중의 하나다.

fMRI와 PET 기술의 도입으로 베일 속에 가려져 있던 사이코패스의 참모습이 이 세상에 널리 알려졌다. 여기에서는 사이코패스에 대한 새로운 기술도입으로 밝혀진 몇 가지 사실을 간략하게 소개하고자 한다. 뇌의 활성화 기능 장애는 곧 정서적 행동의 결함으로 이어진다. 이와 같은 사실은 독일 아헨공과대학교의 자비네 허페르츠(Sabine Herpertz)가 분석한 PET와 MRI의 분석자료에서 입증되었다.

사이코패스의 행동 특성은 심리적 특성, 환경적 특성, 사회적 특성에 의해서 결정된다. 이에 못지않게 중요한 것이 신경생물학적 특성이다. 즉, 사이코패스의 행동 특성은 신경학적 기능의 손상과 밀접한 관계가 있다. 신경학적 기능의 손상은 환자의 행동장애나 인지기능의 손상으로 나타난다. 그러므로 사이코패스에 대한 진단에 있어서 신경계통의 특성을 이해해야 한다.

이와 같은 사실은 이미 앞에서 소개한 피니어스 게이지 사례가 잘 입증해 주고 있다. 그는 두부 손상 치료를 받고 완전히 회복되어 직장으로 복직하지만 불행하게도 심한 성격장애와 인지기능 장애로 큰 고통을 받아야 했다. 피니어스 게이지 사례를 통해 연구자들은 사이코패스의 새로운 측면을 알게 되었을 뿐만 아니라 이 사례는 뇌손상과 사이코패스의 관계를 밝혀 준 고전적 연구사례로 정착하게 되었다. 이를 보아 사이코패스는 혐오적 조건화의 기능은 물론 도구적 조건반사의 기능도 크게 저하되었음을 유추할 수 있다. 이것은 곧 동정심의 결여로 이어진다.

편도

편도의 기능상실은 곧 행동장애로 나타난다. 특히 동정심과 같은 정서장애가 두드러지게 나타난다. 슬픔과 분노 조절기능이 크게 떨어진다. 이것은 런던대학교의 제임스 블레어교수의 실험결과다. 사이코패스에서 정서기능 장애가 현저하게 나타난다는 사실은 널리 알려졌다. 다행히 인지기능의 유연성은 그대로 유지한다. 하지만 그 수준은 편도가 건전한 사람의 반응수준에는 이르지 못한다.

로버트 헤어에 의하면 사이코패스의 데오리 오브 마인드 기능은 건전하다고 한다. 이를 보면 사이코패스가 자신과 타인의 심리는 정확하게 판단하고 있다고 볼 수 있다. 자신과 타인의 마음을 정확하게 반영시킨다는 이론을 처음으로 소개한 것은 케임브리지대학교의 발달정신병리학 교수 사이먼 바론 코헨(Simon Baron-Cohen, 1958~)이다. 이와 같은 사실을 뒷받침하는 실험연구 결과도 있다. 실험자는 피험자인 사이코패스에게 정신적 기억자료와 혐오적 조건화 자료를 제시하고 그들의 반응특성을 MRI 영상자료에 수록하였다. 그 영상자료에서도 사이코패스의 편도체 활성화 수준이 크게 저하되었음이 밝혀졌다.

전두엽

전두엽의 손상은 여러 가지 행동변화를 가져온다. 사회적 의사소통 기능이 크게 떨어진다. 부정적 결과를 가져오는 사건을 경험하고도 새로운 경험을 하지 못한다. 문제해결 능력이 떨어지고 정서와 행동의 조절능력이 떨어진다. 기질적 손상에서 오는 사이코패스의 행동변화를 입증한 게이지는 고전적 사례로 꼽힌다. 그는 1848년 철도 십장으로 일할 때 작업장에서 전두엽 피질 손상을 입었다. 장기간의 병원 치료과정에서 왼쪽 눈이 실명되고 왼쪽 안면기능이 완전히 마비되었다.

전두엽의 손상은 공격적 행동의 증가로 이어진다. 증후가 나타나는 시기는 일정하지 않다. 아동기가 될 수도 있고 성인기가 될 수도 있다. 전두엽 피질의 손상 증후는 추상적 사고의 장애로 뚜렷하게 나타난다. 다른 한편, 반응성 공격성과 도구적 공격성 행동을 유발한다. 신경학적 문헌에는 공격성 행동은 안와부 복부측 전두엽 피질의 장애와 밀접한 관계가 있다는 사실이 기록되어 있다. 이 영역은 편도, 시상하부의 활동을 조절한다.

이들의 기능이 손상되면 위험에 대한 반응이 조절되지 않고 반응성 공격성의 위험성이 증가한다. 이로 인해 반응성 및 도구적 공격성의 위험이 증가한다. 그 외에도 대인관계가 악화되고 사리판단이 정확하지 못하다. 행동이 난잡해지고, 어른에 대한 존경심이 없어진다. 이와 같은 사실을 목격한 과학자들도 그것이 모두 뇌손상의 산물로 생각하고 있다.

뇌손상이 행동에 부정적 영향을 준다는 사실을 입증한 또 다른 연구결과를 보자. 연구자들은 사형선고를 받고 수감 중인 죄수 15명(남성 13명, 여성 2명)을 면접한 결과, 그들이 모두 뇌손상자였다는 사실이 입증되었다.

뇌손상 장애가 행동변화를 유발한다는 사실을 입증한 또 다른 사례를 보자. 하렌스키(C. L. Harenski)는 비도덕적 행위자의 신경활동 특성을 조사하기 위해 비도덕적 행위자 72명의 뇌활동 수준을 평가하면서 PCL-R 조사를 병행했다. 그들의 점수는 30점 이상이었다. 실험자는 비도덕적 행위자의 사진을 담은 필름을 제시하고 그들의 행동 특성을 평가하게 하였다. 그 결과, 정상인과 비도덕적 행위자의 뇌활동에는 큰 차이가 있었다. 즉, 정상인은 도덕적 딜레마를 그린 필름을 보았을 때 뇌의 각성수준이 뚜렷하게 상승하였으나 비도덕적 행위자의 뇌 각성수준에는 큰 변화가 일어나지 않았다. 그들의 PCL-R의 점수는 현저하게 높았다.

안와전두피질

안와전두피질의 손상은 사이비 사이코패스 혹은 후천성 사회병질성 성격을 유발한다. 여기에는 반응성 공격성, 동기, 동정심, 기획과 조직, 충동성, 무책임감, 통찰력 및 행동제지의 기능장애가 수반된다. 사이코패스에서 흔히 보이는 것은 의사결정의 기능 손상인데, 이는 안와전두피질의 손상과 밀접한 관계가 있다. 안와전두피질의 손상은 망상의 원인이 되기도 한다. 양방 안와전두엽피질이 손상을 받게 되면 사회적 행동의 변화를 가져온다.

후천성 사회병질성 성격장애의 수준은 두부손상의 크기에 따라 달라진다. 두부손상이 클수록 성격장애의 수준도 높아진다. 이와 같은 신경학적 손상의 특성은 안와전두피질과 그 인접 영역의 손상과 무관하다는 주장을 해도 크게 다르지 않다. 후천성 사회병질성 성격장애는 사이코패스의 성격 특성을 만족하게 설명하지 못한다. 예를 들어, 안와전두피질 손상은 도구적 혹은 목적지향적 공격행동을 하지 않는다.

안와전두엽피질 손상자에게 사이코패스에서 흔하게 보이는 냉담한 성격 특성이 나타나지 않는다. 후천성 사회병질은 사이코패스와는 달리 동기수준이 낮고, 기분장애가 심하며, 일관성이 부족하고 장기계획을 수립해서 그것을 수행하는 것이 불가능하다. 이와는 달리 사이코패스는 망상적 생활을 즐기는 경향이 있다. 안와전두엽피질 손상을 받게 되면 정동적 음성이나 얼굴표정 이해능력이 크게 떨어진다. 또 효과적으로 의사결정을 하지 못하고 적절한 정서표현 능력을 상실한다.

신경계

1970년 헤어는 신경학적 기초 위에서 사이코패스의 발생과 그 발전을 설명하였다. 그의 주장에 의하면 변연계통의 손상은 사이코패스를 유발한다고 한다. 행동저지기능은 곧 학습능력의 저하로 이어진다. 이로 인해 사이코패스는 벌 받게 될 위험성이 높은 행동 저지도 불가능해진다.

이와 같은 주장은 1990년에 하트(S. Hart) 등의 반론을 이겨 내지 못하고 자취를 감추게 되었다. 이를 계기로 사이코패스의 뇌손상 이론은 더 이상 존속할 수 없게 되었다. 후에 뇌파 연구자들이 사이코패스의 뇌손상 이론을 다시 주장하기도 했으나 적극적 지지를 받지 못했다. 헤어의 이론이 갖는 약점은 여러 가지로 나타났다. 무엇보다도 이 이론으로는 임상적 증후, 예를 들면 표면적 매력, 사건이나 환경을 조정하는 행동을 충분히 설명하지 못한다는 점이 가장 큰 약점이다. 이는 지나치게 환원주의적이고 이론에 얽힌 복잡한 문제점은 잘 설명되지 않는다.

또 다른 측면에서 보자. 약물치료 기술의 발달, 신경전달물질의 변화가 가능해졌다는 사실을 기억할 필요가 있다. 특히 신경화학과 뇌조직은 정신치료에 의해 변화시킬 수 있다는 것이 본(S. Vaughan)의 주장이다. 이 점을 생각하면 약물치료와 정신치료는 사이코패스의 증후치료에 큰 도움이 될 가능성이 높다.

분자신경활동

　사이코패스의 행동특징은 정서반응 장애에서 찾을 수 있다. 사이코패스의 정서반응은 매우 표면적이고 깊은 의미가 없다. 정서의 특징은 유전적 기초 위에서 결정된다. 그러므로 과학자들은 유전인자의 분자 수준에 관심을 갖게 되었다. 이것이 새로운 사이코패스에 대한 분자신경과학적 접근이다.

신경전달물질

　모노아민 신경전달물질은 인간의 행복을 느끼게 하는 물질로서, 도파민, 노르아드레날린, 세로토닌으로 구성된다. 세로토닌은 인간의 의식수준이나 건강상태에 영향을 준다. 이는 오케스트라의 지휘자와 같이 수많은 신경을 통제하는 기능을 한다. 도파민 신경계통은 쾌락적ㆍ정열적 움직임, 긍정적인 마음 상태, 성욕과 식욕 등을 통제한다. 노르아드레날린 신경계통은 불안과 스트레스의 수준을 통제한다.

　세로토닌 신경계통은 도파민 신경계통과 노르아드레날린 계통의 활동을 통제하여 개체의 흥분수준과 불안수준을 통제하고 심리적 균형상태를 유지하게 한다. 이러한 기능을 가진 세로토닌 계통의 기능이 손상되면 감정 통제가 불가능해져 공격적으로 행동한다.

　노르에피네프린 계통의 기능장애가 사이코패스의 정신활동에 영향을 준다. 동물이나 사람은 위협에 직면하게 되면 노르에피네프린 계통의 활동이 활발해져서 개인의 행동을 조정해 간다. 그러나 슬픈 정서를 경험하게 되면 노르에피네프린의 활동 수준은 크게 상승한다. 개체가 반사회적 행동을 하거나 위장장애에 직면하게 되면 노르에피네프린의 활동수준은 크게 떨어진다.

거울신경

1996년 이탈리아 파르마대학교의 신경생리학자 자코모 리촐라티(Giacomo Rizzolatti, 1937~)는 짧은꼬리원숭이 실험과정에서 놀라운 사실을 발견하였다. 그는 짧은꼬리원숭이가 다른 짧은꼬리원숭이의 행동을 보면 마치 자기 자신이 행동한 것처럼 느낄 뿐만 아니라 그와 유사하게 행동하는 것을 발견하고, 그 기제를 발견하는 데 연구를 집중하였다. 그것은 원숭이의 채벽전두엽피질 신경에 의해서 매개된다는 사실을 발견하고 그 신경을 거울신경이라고 명명하였다.

이와 같은 발견을 바탕으로 유기체에 대한 다양한 연구가 수행되었고 이는 인간행동의 이해에 크게 공헌하였다. 뇌는 우주만물의 수많은 신비를 간직하고 있다. 근대 뇌과학의 시조로 불리는 스페인 신경조직학자 산티아고 라몬 이 카할(Santiago Ramin y Cajal, 1852~1934)은 뇌의 신비를 파혜치면 우주의 신비를 해결할 수 있다고 말한 적이 있다. 옳은 말이다. 풀리지 않은 많은 문제를 안고 있는 사이코패스의 문제도 뇌과학의 지식으로 풀릴 것으로 많은 과학자가 기대한다.

　복잡한 사회적응을 위해서는 타인에 대한 이해가 필요하다. 타인에 대한 이해는 거울신경의 활동에 의해서 이루어진다. 상대방의 행동의 원인, 상대방의 의도에 따라 자신의 행동은 결정된다. 뇌의 채벽전두엽피질 회로는 우리가 어떤 행동을 하거나 다른 사람의 행동을 관찰해도 똑같은 각성을 한다. 이 각성과정을 통해 그의 행동의 원인 및 감정상태를 이해할 수 있다.

　인간은 사회적 동물이다. 그들은 다른 사람의 감정을 이해하는데, 그리고 행동의 원인을 밝히는 데 많은 시간을 보낸다. 사람의 행동 원인은 관찰을 통해 밝힐 수 있다. 상부전두뇌구는 개인의 행동과 밀접한 관계가 있다. 이 영역에는 생물학적 운동에 의해 활성화되는 신경이 있다.

　우리는 관찰자의 뇌 속에서 이루어지는 운동표상을 지각한다. 개인의 행동도 중요하지만 관찰자의 뇌 속에서 이루어지는 운동표상도 중요하다. 이 표상을 통해 개인과 타인의 행동을 이해할 수 있다. 여기에서 두 가지 가설을 두고 생각할 수 있다. 첫째는 시각적 가설이다. 관찰자와 관찰된 행동은 3인칭 관계로 이어 간다.

　행동 그 자체만으로는 그것이 무엇을 의미하는지를 확실하게 이해할 수 없다. 이는 관찰자의 의미적 운동네트 속에 입력되지 않았기 때문이다. 시각적 이해는 다른 사람의 행동을 이해하는 로봇의 행동과 유사하다. 사람이 정원에서 짖어 대는 개의 행동을 관찰하는 것과 다름이 없다. 이와는 대조적으로 근육운동 가설은 개인이 지각한 사실을 일인칭으로 기술한다. 관찰된 행동은 관찰자의 근육운동표상으로 입력되어 자기가 그러한 행동을 할 때 회상한다. 관찰자로 하여금 행동경험을 공유하는 것이 동정적 인지다.

동물의 거울신경 연구는 심리학자들에게 큰 영향을 주었다. 특히 인지신경학자와 인지심리학자들은 이것이 곧 지각과 사고의 생리학적 기제의 연구에 큰 도움이 될 것으로 생각했다. 인간은 다른 사람의 행동을 이해하거나 모방함으로써 새로운 기술을 습득한다. 그 기제는 거울신경의 지식을 바탕으로 밝혀낼 수 있고 이를 바탕으로 다른 사람의 의도, 언어, 동정심을 포함한 정서의 신경학적 기초를 이해할 수도 있다. 또 이를 통해 자폐증의 인지기능장애의 생리학적 기제도 밝혀낼 수 있다.

인간을 대상으로 한 거울신경 연구는 동물을 대상으로 한 연구만큼 쉽지 않다. 무엇보다도 신경 그 자체에 직접 접근할 수 없다는 것이 큰 이유가 된다. 이러한 어려운 여건에서도 과학자들은 뇌의 하부전두엽구와 두정엽에 거울신경이 존재한다는 사실, 그것은 동물의 거울신경과 기능이 유사하다는 사실을 밝혀냈다. 이와 같은 사실은 fMRI를 사용한 발견이다. 여기에 소개된 사실은 이전에 밝혀진 사실 외에 체감각피질에서 관찰자는 피험자가 느끼는 것과 같은 느낌을 가지게 된다는 것이다.

인간의 거울신경의 발달시기를 밝히기 위해 심리학자들은 유아를 대상으로 여러 가지 실험을 한다. 유아의 눈깜빡이 실험자료를 분석해 보면 인간의 거울신경은 12개월 이전에 발달한다는 사실을 알 수 있다. 아이들은 거울신경의 발달로 다른 사람의 행동을 이해하게 된다. 거울신경 연구에 의해 여러 가지 인간행동의 특성이 밝혀졌다.

의도

거울신경의 지식을 바탕으로 상대방의 행동 목적과 의도를 이해할 수 있다. 이와 같은 사실을 입증한 실험결과를 보자. 이는 레오나르도 포가시(Leonardo Fogassi) 등이 2005년 「Science」에 발표한 자료이다. 그들은 두 원숭이의 하부체연합피질에서 일어나는 41개 거울신경의 활동특성을 기술하였다. 이 영역은 감각정보를 통합하는 연합피질이다. 원숭이는 실험자가 사과를 집어서 입으로 가져가는 행동이나 사물을 집어서 컵에 넣는 장면을 관찰한다.

실험이 끝난 후 신경 뉴런의 반응을 분석해 보았다. 원숭이가 사람이 사과를 먹는 행동을 관찰하였을 때 15개의 거울신경에서 강력한 반응이 일어났으나, 사물을 컵에 넣는 행동을 관찰하였을 때에는 아무런 반응도 나타나지 않았다. 그러나 다른 4개의 거울신경에서는 반대 현상이 일어났다. 실험자가 사과를 컵에 넣을 때에는 반응이 일어나지만 그 사과를 먹지는 않았다. 여기서 모델이 대상 사물을 조정하는 것이 곧 신경활동을 결정한다. 원숭이에게서 사람이 두 번째 활동이 있기 전에 신경활동이 일어난다는 점이 중요하다. 하부두정엽 신경은 물체를 집는 것과 인식하는 것에 다르게 반응하고 이는 후속되는 행동을 예언하거나 다른 사람의 의중을 떠보는 생리적 기초를 제공한다.

학습

거울신경은 학습을 촉진시키고 행동의 구체적 표상을 형성하는데 이는 자의행동과 동시에 그 기능이 활성화된다. 이는 후에 행동으로 나타난다. 이것이 곧 내현적 훈련이다. 그 효과는 개인의 행동을 통해 뚜렷하게 나타난다. 이는 연합과정과 같은 관계가 있어 여기서 시냅스의 결합이 빈번하게 일어나면 그 표출의 강도는 보다 강해진다.

동정심

동정심은 거울신경의 활성화와 깊은 관계가 있다. 이와 같은 사실은 최신 첨단기술의 발달로 등장한 fMRI, EEG, 그리고 MEG 등을 사용한 측정결과에 의해 밝혀졌다. 그 결과, 자신이 불쾌감, 행복감, 동통 등과 같은 정서를 경험하거나 다른 사람이 그와 같은 경험을 하는 것을 보면 동정심이 많은 사람의 거울신경 활동수준이 매우 높아졌다. 이와 같은 사실은 뇌의 전축섬, 전측대상회, 내전두엽피질의 영역에서는 매우 유사한 신경활동이 일어나고 있음을 의미한다. 이와 같은 사실은 2007년 사회 뇌연구소에 근무하는 자비 음벰바(Jabbi Mbemba), 마트 스와트(Marte Swart) 그리고 크리스천 케이저스(Christian Keysers) 등의 실험결과에서 입증되었다. 그들은 자기 자신이 동정심이 많다고 평가한 사람을 대상으로 그들의 손운동, 정서활동의 거울신경 활성수준을 측정하였다. 그 결과, 동정심이 많을

수록 거울신경의 활성화 수준이 높다는 사실을 발견하였다.

이와 같은 사실은 거울신경계통이 동정심과 같은 정서행동과 밀접한 관계가 있음을 확인해 주고 있다. 환자 간호 업무에 종사하는 사람의 거울신경계통의 활동 수준은 매우 높다. 라마찬드란(Vilayanur Ramachandran)은 2009년 한 연설에서 거울신경이 다른 사람의 행동을 모방하지는 못하지만 2차원적 표상 혹은 이전에 경험한 메타표상은 형성할 수 있다고 주장하였다. 이는 신경의 기초로서 자기각성과 타인각성의 상호표현이라고 볼 수 있다. 이들의 관계는 매우 복잡하다. 닭-달걀의 논쟁과 크게 다르지 않아 단정적으로 말하기는 어렵다. 이 두 과정은 동시에 야기되어 서로 성숙한 표상표출을 돕는 것으로 생각할 수 있다.

언어

인간의 뇌를 fMRI를 사용해서 투영해 보면 놀라운 사실을 발견할 수 있다. 하부전두엽피질 속에 원숭이의 거울신경계통에 상응하는 영역이 있다는 점이다. 이는 뇌의 언어중추 영역인 브로카 영역과 매우 가깝다. 이것을 보면 인간의 언어는 거울신경에서 이루어지는 제스처나 이해로부터 발생한 것임을 충분히 이해할 수 있다. 거울신경은 개인의 행동이해, 모방학습, 행동을 일으키는 잠재적 기제로 생각할 수 있다. 이는 원숭이의 운동전영역 F5와 인간의 브로카 영역 사이에 세포 유사성이 존재한다는 사실로 입증되었다.

자동적 손상

우리는 다른 사람의 신체운동을 관찰한 후에는 아무런 생각 없이 그의 행동과 유사한 행동을 반복할 수 있다. 이것이 자동적 모방행동이다. 개인의 자동적 모방은 동일한 행동을 위한 외부적 시연이 아니다. 이는 내현적으로 이루어지는 모방으로 주의과정을 통해 자연스럽게 조율되는 행동이다. 이는 거울신경체계에 의해 조정된다.

사이코패스의 심리적 유발요인

사이코패스는 여러 가지 요인의 통합된 산물이다. 그러므로 인자형도 외현형도 매우 복잡하다. 사이코패스를 유발하는 요인은 크게 환경적 영향과 심리적 영향으로 나눌 수 있다. 여기에서는 중요한 심리적 영향을 중심으로 기술하고자 한다. 심리적 영향을 설명하는 이론체계는 환경적 영향만큼 복잡하고 다양하다. 그러므로 타당성이 이미 입증되었을 뿐만 아니라 심리학자들이 선호하는 이론체계를 중심으로 기술하고자 한다.

정신역동

자아와 초자아의 발달이 빈약한 상태가 사이코패스이며 이는 정신역동의 이론으로 성공적으로 설명되고 치료된다. 프로이트의 주장에 따르면 오이디푸스 갈등이 해결될 때 초자아가 별개의 구조로 떨어지게 된다고 한다. 초자아는 자기관찰, 양심, 그리고 아이디어의 유지기능을 한다. 자아가 초자아의 욕구를 충족시키지 못할 때 사람들은 죄의식을 느낀다.

이 이론에 따르면 사이코패스의 행동은 바람직하지 못한 상호작용에서 싹튼 아동기의 문제에서 그 기반을 찾을 수 있다. 이는 곧 초자아의 발달을 저해하는 결과를 가져온다. 초자아의 발달장애를 경험한 아이는 양심이 없고 죄의식을 느끼지 못한다.

사이코패스의 치료가 쉽지 않다는 주장은 정신분석적 성격이론에 그 기반을 두고 있다. 그들의 주장에 의하면 개인의 성격은 5~6세경에 틀이 잡혀 그 후에는 크게 변하지 않는다고 한다. 그러나 이와 같은 주장은 변화하고 있다.

자아와 초자아의 발달은 보다 장기간에 걸쳐 발달한다. 자아는 초자아의 기능을 하게 되며 정서통제가 가능하게 되고 충족을 지연시킬 수 있고, 그리고 현실 검증이 가능하게 된다. 전통적 마음 구조의 장애보다 자아 구조의 발달장애에 역점을 두고 사이코패스를 설명하는 주장이 연구자나 전문가의 관심 대상이 되고 있다. 자아 구조는 자아와 다른 주요 인물과의 내적 표상으로 이루어진다.

아동의 공격성은 자아체계를 보호하기 위한 것으로 이는 높아진 자아감, 통제에 대한 착각, 불사신의 감정을 유지하겠다는 감각의 발로로 생각할 수 있다. 이러한 입장에서 볼 때 사이코패스의 증후는 빈약한 초자아 발달의 방어기제(범죄행위, 타인에 대한 무감각, 망상, 외관상의 매력)의 발로로 생각할 수 있다. 이렇게 보면 사이코패스는 얼마든지 치유가 가능한 장애다. 자아나 초자아의 기능을 신장시키는 것은 정신분석의 이론을 사용하면 얼마든지 가능하다. 전통적 이론에 따르는 생후 5년 내에는 치유가 가능한 것으로 볼 수 있다.

학습 기능

사이코패스의 증후는 모델링과 조건화 과정을 통해서 발달한다. 사이코패스는 다양한 사회적 자극에 대한 잘못된 주의기능의 발달 결과다. 이런 의미에서 볼 때 사이코패스의 정서 결핍은 어렸을 때 그가 경험한 정서 자극에 대한 둔감화 경험의 산물로 생각할 수 있다.

근래에 와서 인지심리학의 지식을 바탕으로 한 학습 모델이 등장하였다. 귀인의 기능을 강조하는 연구자도 있다. 반사회적 아동은 다른 아동의 인지과정 결함과 이전의 경험에서 자신의 행동 선택을 하는 것이 불가능하다. 반사회적 아동의 친사회적 행동 발달수준은 매우 낮다.

학습이론은 비교적 잘 통합되고 있다. 하지만 사이코패스에 적용할 강화 계획으로는 적합하지 않다. 아동의 경우 거의 동일한 학습 환경에서도 그 진행과정은 크게 다르다. 학습은 자기 자신의 행동과 다른 사람의 행동 결과의 관찰에 의해 이루어진다. 이러한 관점에서 볼 때 사이코패스는 치료가 가능하다. 역조건화, 인지적 재구조화, 모델링의 이론과 그것을 바탕으로 한 기술은 사이코패스의 행동변화에 널리 활용되며 그 효과도 매우 좋다.

해리슨 고프(Harrison Gough)는 「American Journal of Sociology」

(1948, 53, 359~366)에 발표한 논문에서 사회학적 이론을 바탕으로 사이코패스의 기제를 설명하였다. 그는 역할수행기능의 결함이 곧 사이코패스를 유발하는 주요 요인이라고 주장하였다. 이들은 다른 사람의 역할을 기대하지 못하고, 또 다른 사람의 역할에 대해 적절하게 반응도 하지 못한다. 이와 같이 다른 사람에 대한 이해의 결함이 사이코패스로 이어진다.

역할수행기능의 결함이 사이코패스의 주요 요인인 것은 틀림없지만 여기에 몇 가지 문제가 있다. 이는 기저에 있는 사이코패스의 요인을 명확하게 설명하지 못한다. 특히 사이코패스의 성격 특성인 죄의식의 결여, 외관상의 매력, 환경 조정, 그리고 센세이션 씨이킹과 같은 행동 특성은 완벽하게 설명하지 못한다. 예를 들면, 사이코패스가 사건과 상황을 부정적으로 조정하는 것, 자신이 듣고자 하는 말일 경우 다른 사람의 말을 경청하는 것 등을 보면 역할수행기능의 손상 혹은 결여가 아니라 역할수행기능은 건전하다고 보아야 한다.

사이코패스 성향이 있는 아이들은 효과적으로 자기조절을 하지 못한다. 이는 그의 정보처리기능에 결함이 있기 때문이다. 이것이 뉴먼(J. Newman, 1998)의 주장이다. 어렸을 때 나타나는 이와 같은 특성을 부모나 사회가 간과해 버리면 아이들은 성인이 되어 진짜 사이코패스로 발전하게 된다. 이것으로 아이들의 외관상의 매력현상을 설명하기는 매우 부족하다. 그러므로 치료에 대한 가능성까지는 언급하기 힘들다.

리남(P. Lynam)은 1996년 '풋내기 사이코패스(fledgling P)'라는 새

로운 개념을 도입하였다. 이는 비교적 초년기에 나타나는 과잉활동중-충동성-주의(HIA), 그리고 행위문제의 증후가 결합되어 나타나는 증후군이다. 젊은 층에서 나타나는 이 증후는 성인에서도 나타난다. 성인 사이코패스에서 나타난 피동성 회피는 아동 사이코패스에서도 나타난다. 아동에서 나타나는 풋내기 사이코패스의 증후는 전두엽 손상을 받은 성인의 행동과도 유사하다. 사이코패스는 태어날 때부터 제지기능(그는 이를 사이코패스의 제지기능이라고 부른다)이 결여되어 있기 때문에 환경의 피드백을 효과적으로 받아들이지 못한다. 또 그것을 받아들인다 해도 보상을 추구하는 데 적절하게 활용하지 못한다.

이와 같은 사이코패스의 제지기능 때문에 HIA 증후가 나타난다. 이러한 특징이 있는 아동과 성인은 말이 많고 활동적이다. 이와 같은 특성은 부모에 의해서 빈번히 제지되기도 하지만 가벼운 행위장애나 반항적 일탈장애로 발전하기 쉽다. 리남의 주장이 매우 설득력이 있는 것은 사실이나 사이코패스의 증후를 설명하고 치료기술로 사용할 때에는 많은 문제가 따른다.

성격 특성

과도한 센세이션 씨이킹의 동기는 사이코패스 장애 유발요인이 된다는 것이 허버트 퀘이(Herbert Quay)가 1965년 「American Journal of Psychiatry」(1965, 122, 180~183)에 발표한 주장이다. 지나친 동기수준은 자신의 낮은 각성수준을 보상하기 위한 수단이다. 성인 사이코패스의 발달에 환경적 요인의 비중이 크다. 사이코패스의 생활은 높은 각성 상태에서 이루어지며 이를 바탕으로 두 가지로 발달한다.

첫째, 아동의 성격 특성은 잘못된 부모-자녀 간의 상호작용-공격성, 일관성 결여, 거절-의 관계로 발전한다. 이런 부정적 관계는 심한 일탈행동으로 발전하고 부모와의 일관성이 결여되고 공격적 관계로 발전한다. 이와 같은 부모와의 관계가 장기간 지속되면 그 관계는 크게 악화된다.

둘째, 사이코패스 아동은 신체적 동통을 예견하지 못한다. 그것은 낮은 신경계통의 활동 때문이다. 아이에 대한 부모의 벌의 수준은 아이가 회피할 수 없을 만큼 높아야 한다.

관습화의 현상으로 아이의 벌에 대한 저항수준은 점진적으로 증가하기 때문이다. 이때 부모들은 아이에 대한 처벌을 포기하고 통제가 불가능한 것으로 판단해 버리는 경향이 있다. 결과적으로 그 아이는 사회화를 하지 못한다. 센세이션 씨이커 아동은 성인 사이코패스와 같은 과정을 밟아 사이코패스가 되어 버린다. 이와 같은 관점에서 보면 사이코패스는 치료가 불가능한 것은 아니다. 두 가지 치료방법을 생각할 수 있는데, 정신약학적 이론을 바탕으로 하여 그의 기저반응 수준을 증대시키거나, 자극에 대한 빠른 적응수준을 경감시키는 것이다.

한스 아이젱크는 그의 저서 『성격의 생물학적 기초(The Bio-logical Basis of Personality)』(1691)에서 PEN 성격모델을 기초로 하여 사이코패스의 이론을 체계화하였다. PEN 성격차원은 외향성, 신경증적 경향성, 그리고 정신병적 경향성으로 구성되었다. 정신병적 경향성은 전통적인 정신병과 다르다. 사이코패스는 정상과 정신병의 연속선상에 존재한다.

이 이론에서 보면 신경증적 경향성은 정서적 반응의 강도와 깊은 관계가 있다. 외향성은 개인의 낮은 각성 수준과 깊은 관계가 있다. 사이코패스는 낮은 각성 상태에 있다. 이는 개인이 환경 자극에 대한 조건화의 능력이 낮기 때문이다. 이와 같은 주장에서 보면 이 조건화 기능 저하는 주위에서 주어지는 환경에 대해 적절한 공포 반응과 깊은 관계가 있다.

아이젱크는 1981년에 사이코패스에 대한 새로운 이론을 제시하였다. 이 새로운 이론에 따르면 개인의 생리적 과정의 개인차가 유전적 요인에 의해서 결정된다고 한다. 이 생리적 과정의 차원은 기본적 심리적 과정(동기, 학습)에 영향을 주는데 그것이 곧 안정된 성격차(외향성-내향성)로 굳어진다.

이는 궁극적으로는 개인의 사회적 행동과 반사회적 성격으로 발전할 위험이 크다. 여기서 성격과 반사회적 행동 간의 심리적 과정(지각, 인지, 동기)에 의해 매개된다. 이 과정이 종국에는 학습과 사회적 적응과정에 직접 영향을 준다. 따라서 반사회적 행동은 사태와 개인의 사회적 상호작용의 틀에서 관찰되어야 한다.

사이코패스는 불안과 공포 수준이 낮다는 것이 데이비드 리켄(David Lykken)의 주장이다. 그는 이 주장에 앞서 1957년 사이코패스와 불안 연구를 위해 피동적 학습실험을 수행했다. 그는 이 실험에서 사이코패스는 공포를 느끼지 못한다는 사실을 발견하였다.

사이코패스는 공포 자극을 무서워하지 않는다. 리켄의 주장은 여러 측면에서 매우 타당하다. 하지만 공포수준과 외관상 매력 간의 관계를 만족스럽게 설명하지 못하는 단점도 있다.

리켄의 주장은 클렉클리의 사이코패스 증후 설명에 큰 도움이 된다. 리켄은 사이코패스의 행동에서 인자형이 큰 비중을 차지하고, 사이코패스는 사회화와 양육방법에 따라 크게 다르게 발달한다고 주장한다. 이러한 주장을 수용한다면 유능한 부모에게서 태어난 아이들은 사이코패스의 위험에서 효과적으로 해방될 수 있고 부모의 능력 증강을 통해 효과적으로 치료될 수 있다고 생각할 수 있다

포르투갈계 미국의 신경과학자 안토니오 다마시오(Antonio Damasio)는 1994년 사이코패스에 대한 새로운 이론을 제시하였다. 그의 주장에 따르면 특정한 자극반응 형성과정에는 정동적 요소가 개입된다고 한다. 이것이 곧 신체적 사인이다. 개인의 사회화와 교육과정에 뇌의 내부에 그 사인이 형성된다. 뇌의 내부에서 형성된 개인의 신체적 사인은 개인의 행동에 폭넓은 영향을 준다. 개인의 의사결정을 촉진시키고 행동을 제지하는 긍정적인 영향을 준다. 하지만 그에 따른 부정적 영향을 모두 배제할 수는 없다.

개인의 회피학습 과정에서 신체적 사인은 자동적 경계신호의 역할을 한다. 이것은 곧 개인에게 위험한 일이 생긴다는 경계신호다. 사이코패스는 이 사인에 결함이 생기면 사태나 자극에 대한 감정적 지각이 불가능하게 된다. 이 이론은 사이코패스의 역학연구자에게 흥미 있는 가설을 제공하였지만 망상이나 외관상 매력의 기제는 만족스럽게 설명하지 못하는 것이 큰 결점이다.

동정심과 죄의식의 결여는 냉정한 기질의 지표다. 냉정한 기질을 가진 사람은 행동제어기능이 떨어지고 사회화 과정에 어려움이 많다. 성장하는 과정에 있는 냉정한 기질의 아이는 여러 가지 행동 특성이 나타난다. 부모에게 반항하고 사회적 규범을 지키지 않고 다른 사람의 권위를 침해한다. 프릭(P. Frick)의 1998년 이론은 사이코패스의 여러 이론과 비교적 잘 어울린다. 그러므로 사이코패스의 개념화에 크게 도움을 주는 모델이다. 부모의 교육과 정신치료의 기술을 통합할 때 높은 치료결과를 기대할 수 있다.

육아와 애착

사이코패스는 부모로부터 버림받은 경험 혹은 특정한 불안전한 애착관계의 산물이라는 사실이 여러 연구에 의해서 밝혀졌다. 이와 같은 주장은 두 가지 연구결과에 의해 입증되었다. 첫째, 불우한 가족관계에서 찾을 수 있다. 낮은 사회경제적 환경, 한부모, 부모의 정신병리, 가정 폭력, 공격성 등은 개인의 정신병적 특성이나 행위 장애를 유발한다. 둘째, 벌로 다스리는 가정, 바람직하지 못한 가정에서 성장한 아이가 사이코패스 발병율이 매우 높다.

앞선 두 가지 발병 원인은 독자적으로 작용하지 않는다. 서로 밀접한 관계가 있다. 부모와의 건전한 애착관계를 가지지 못하면 건전한 정신적 표상을 가질 수 없고 가족 내의 통합을 경험하지 못한다. 만일 이 역학적 이론이 정확하다면 사이코패스에 대한 치료도 어렵지 않다. 부모-자녀 간의 건전한 애착관계의 형성은 아이와 사회가 보다 가까워질 수 있고 아동의 부정적인 심리적 고통을 보다 쉽게 표출할 수 있게 된다.

부모의 체벌이나 엄격한 교육은 아이들을 범법자로 만들 위험이 있다. 일관성이 결여된 부모교육은 자녀의 비행원인이 된다. 자녀의 동일한 잘못에 대해서 부모가 어떤 때는 심한 벌을 주고 어떤 때는 관용을 베푸는 것이 일관성이 결여된 교육의 표본이다. 일관성이 결여된 부모교육은 다른 생활 장면에서도 발견할 수 있다. 한 아이의 행동에 대해 부모가 서로 다른 상벌을 주는 경우다.

아이의 잘못에 대해 아버지는 매우 관대한데 어머니는 심한 벌을 주는 사례가 바로 이에 속한다. 아동의 부정적 행동에 대한 부모의 부적절한 반응이나 아동의 긍정적 행동에 대한 긍정적 강화의 유보(칭찬을 하지 않은 것과 같은)도 아동의 범죄유발 가능성을 높인다.

부모의 지나치게 엄격한 교육은 아이의 냉정하고 반사회적인 행동을 유발하는 원인이 된다. 이와 같은 사실은 2008년 라슨(R. Larson) 등이 영국 쌍생아를 대상으로 실시한 연구에서 밝혀졌다. 이상하게도 일반적으로 일관성이 결여된 부모의 양육은 비감성적인 사회복지의 성격 특성과 유사하다고 한다. 하지만 그들의 주장과 상반되는 주장도 있다.

부모의 수용성 결여가 아동의 문제행동을 야기시킨다. 부모의 수용적이고 온정적인 양육은 부모의 체형에서 받은 부정적 영향을 경감시키는 효과를 가져온다. 이와 같이 아버지의 온정적 태도에는 아동이 받은 신체적 처벌의 효과를 경감시키는 기능이 있다. 일반적으로 부모의 비수용적 태도가 사이코패스의 발달에 결정적 영향을 준다는 주장은 연구자들 간에 일치된 결과다.

자녀 취미활동에 대한 아버지의 관심은 자녀의 범죄와 깊은 관계가 있다. 이와 같은 사실은 케임브리지 연구 프로젝트에서 밝혀졌다. 아버지가 자녀의 취미활동에 참석하지 않은 아동 가운데 범죄자가 되는 사례는 아버지가 자녀의 취미활동과 여가활동에 적극적으로 관심을 갖는 아이의 경우 보다 두 배가 더 많다.

부모와 자녀 간의 의사소통이 빈약한 아동 가운데 범죄자가 되는 사례가 많다는 사실도 「Pittsburg Youth Study」에서 밝혀졌다. 가족 간의 응집력에 따라 아동의 폭력성향도 달라진다. 가족 간의 응집력이 낮으면 응집력이 높은 집단에 비해 아동의 폭력성향을 증대시킨다. 이와 같은 사실은 「Chicago Youth Development Study」 프로젝트의 결과에서 밝혀졌다.

가족의 무관심 속에서 성장한 아이나 바람직하지 못한 가정교육을 받은 아이일수록 사이코패스가 되는 성향이 높다. 이와 같은 사실은 마셜(L. Marshall)과 쿡(D. Cooke)의 1999년 스코틀랜드 연구에서 밝혀졌다. 연구자는 사이코패스의 가족과 비 사이코패스 가족에게 PCL-R을 실시하고 그 결과를 비교 분석하였다. 어린 자녀에 대한 부모의 잘못된 감시는 자녀의 사이코패스 수준을 악화시킨다는 사실이 케임브리지 연구에서 밝혀졌다. 48세 때 검사를 받은 한 피험자가 자기는 8세 때 부모로부터 잘못된 감시를 받았다는 사실을 토로했다. 그의 사이코패스 점수는 매우 높았다는 사실이 검사결과의 탐색에서 밝혀졌다. 8세 때 부모로부터 받은 잘못된 감시가 어떤 것이었는지는 밝히지 않았다.

아동기에 어떤 형태로든지 학대를 경험한 아이나 무관심 속에서 성장한 아이일수록 성장 후에 범법자가 될 가능성이 매우 높다. 이와 같은 사실은 인디애나폴리스에서 실시한 위덤(C. Widom)의 연구 결과에서 입증되었다. 그는 11세 이전에 학대를 받았거나 관심의 대상이 되지 못한 아동 900명을 조사하고 같은 수의 통제집단과 비교하였다. 위덤은 법원에 보관된 자료를 검토하면서 그들을 계속 추적하였다.

그 결과, 학대를 받았거나 부모의 관심을 받지 못한 아이일수록 미성년 범죄자로 구속되는 사례가 많았다는 사실을 발견하였다. 또한 아동기에 성적 학대를 받았거나 부모의 관심을 받지 못한 아이의 경우에도 성인기에 성적 범죄자로 구속되는 사례가 많았다.

위덤이 발견한 사실들은 다른 연구자들이 발견한 것과 크게 다르지 않다. 한 사례를 보자. 어렸을 때 신체적으로 학대를 받은 아이들은 폭행범이 되기도 하고 폭행을 수반하지 않은 범법자가 되는 사례가 많다. 보스턴에서 실시한 케임브리지 소머빌 연구에서는 부모의 학대를 받았거나 부모의 관심 밖에 있었던 대다수의 아이들은 후에 심각한 범죄를 범하기도 하고 알코올중독자가 되기도 하고 35세 이전에 사망하기도 하였다.

독일의 한 연구결과에서도 학대를 받았거나 부모의 관심을 받지 못한 아이들의 PCL: YV 점수는 통제집단 아이들의 점수보다도 월등하게 높다는 사실이 밝혀졌다. 스톡홀름에서 발표된 자료를 보면 11~14세 때 학대를 받은 아이들의 PCL-R 점수는 매우 높았고 36세 때 폭행을 범하기도 하였다. 핀란드에서 행해진 사례를 보자. 범법자에 대한 회고적 연구자료를 보면 초기의 학대 경험과 PCL-R의 점수 사이에는 정적 관계가 있었다. 케임브리지 연구에서는 8세 때 학대를 받은 아이에서는 대인관계-정동 점수(F1)와 무책임-반사회적 점수(F2) 사이에 관계가 있다는 사실이 밝혀졌다.

1950년대의 영국의 심리학자이자 정신건강의학과 의사인 존 볼비(John Bowlby, 1907~1990)에 의하면 성장하는 아이들은 생후 5년간은 어머니와 따뜻하고, 애정 있고, 지속적인 관계를 갖기 원한다고 한다. 그는 모성애를 경험하지 못한 아이들의 경우 감성이 결여된 성격이 형성되어 다른 사람과 의미 있는 정서적 관계를 유지하지 못한다는 점을 강조하였다.

이산가족에 대한 대부분의 연구는 어머니보다 아버지의 상실에 보다 역점을 두고 있다. 왜냐하면 아버지의 상실이 보다 빈번하게 일어나기 때문이다. 일반적으로 친부모와 헤어진 아이들의 범행빈도는 높다.

뉴캐슬어폰타인(Newcastle-Upon-Tyne)에서 태어난 출생집단에 대한 연구결과를 보자. 생후 5년 사이에 부모의 이혼이나 별거를 겪은 아이들은 32세까지 53%가 범행을 행한 것으로 밝혀졌다. 어머니의 감성적 기능이 손상된 파탄난 가정에서 성장한 소년이 범법자가 되는 빈도는 62%로 비교적 높다. 부모의 갈등이 있으나 파탄되지 않은 가정에서 성장한 아가 범법자가 되는 빈도는 52%로 전자의 경우보다 약간 낮다. 여기서 어머니의 감성적 기능은 문제가 되지 않는다. 부모의 갈등이 없는 가정에서 성장한 아이가 범법자가 되는 빈도는 26%다. 또 가정은 파탄되었으나 어머니의 감성적 기능이 건전한 가정에서 성장한 아이가 범법자가 되는 빈도는 22%로 역시 낮다.

　이와 같은 결과를 보면 부모의 갈등은 가정파탄이나 자녀의 범행으로 이어진다는 사실을 알 수 있다. 또 어머니가 자녀의 양육에 관심을 가질 때 아버지의 상실감은 어느 정도 보상해 나갈 수 있다. 가족구조와 비행은 밀접한 관계가 있다. 가정이 파탄되면 자녀의 비행이 급증한다. 특히 부모의 사망보다는 부모의 별거나 이혼이 보다 더 크게 문제가 된다.

　또 다른 케임브리지 연구결과를 보자. 가정파탄 환경에서 성장한 아이들(10세 이전에 부모와 별거하였다. 사망이나 입원이 아닌 다른 이유 때문에)은 32세 때 반사회적 성격 점수가 높아진다. 그들의 무책임－반사회적 점수(F2)는 높으나 무책임－정동 점수(F1)는 그렇게 높지 않다. 부모의 불협화, 폭력에 의해 반사회적 행동 빈도는 높아진다.

　뉴질랜드의 「Christchurch Health and Development Study」에서 발표한 자료를 보면 부모의 폭행 장면을 목격한 사실이 있는 아이들은 보다 빈번한 폭행을 하고 재물범죄를 범한다. 이는 범죄자가 스스로 상담자에게 보고한 사실이다. 아버지의 폭행 장면은 그 상황이 바뀌어도 쉽게 잊혀지지 않는다. 부모의 범죄, 부모의 약물 복용, 부모의 체벌, 가정의 낮은 수입, 부모의 불협화가 범행의 유발 원인이 된다는 사실은 케임브리지 연구와 피츠버그 연구에서도 분명하게 밝혀졌다.

　다자녀 가정에서 성장한 아이일수록 빈번하게 범행을 범하는 수가 있다. 이와 같은 사실은 케임브리지 연구와 피츠버그 연구에서 밝혀졌다. 케임브리지 연구에서는 10세 이전에 형제자매가 4명 이상의 가정에서 성장한 아이들이 비행을 범할 가능성이 다른 집단보다 배가 더 많다는 사실을 밝혔다. 대가족 변인은 32세까지 범행 가능성을 예언하는 강력하고 중요한 변인이다. 대가족 가정에서 성장한 아이의 58%는 이 연령 전에 범행을 한다.

부모의 반사회적 행동은 자녀의 반사회적 행동의 예언지표가 된다. 이와 같은 사실은 케임브리지 연구결과에서 확실하게 입증되었다. 어느 한 가족의 범행(범행을 저지른 아버지, 어머니, 형제자매)이 다른 가족의 범행을 유발한다. 동성 간의 관계일 때보다는, 이성 간의 관계일 때 나이 어린 형제보다는, 나이가 많은 형제일 때 그 예언이 정확하다. 이와 유사한 피츠버그 연구의 결과도 있다.

구금된 아버지, 어머니, 형제, 자매, 삼촌, 숙모, 할아버지, 할머니의 특성을 통해 가족의 비행은 정확하게 예언된다. 피츠버그 연구에서는 가족의 비행 발생에서 가장 큰 비중을 차지하는 것은 아버지라는 사실이 밝혀졌다. 아버지의 구속은 다른 가족 구속에 비해 보다 의미 있는 가족의 비행을 예언할 수 있는 지표가 된다.

자녀의 반사회적 행동 특성은 부모의 행동 특성을 바탕으로 예언이 가능하다. 부모의 조산, 10대 여성의 임신 등에 의해 출생한 아이들에서 반사회적 행동 유발 위험이 매우 높다. 1980년대 말 미국과 영국에서 수행된 연구결과를 보자. 10대 여성의 수입은 극히 낮다. 그들은 복지사업의 혜택을 받아야 생활할 수 있다. 10대 여성에게서 태어난 아이들은 생물학적 아버지가 없거나 불확실하다. 10대 여성의 육아습관의 질은 매우 낮다. 10대 여성에서 태어난 아이들의 학업성적은 매우 낮다. 그런 집단에서 비행사례가 많이 발생한다. 이런 환경의 아이들에게도 친아버지가 나타나면 그들의 행동에는 긍정적 변화가 온다.

워싱턴주의 조사에서 10대 여성이나 미혼모에서 태어난 아이들은 범법행위의 위험성이 현저하게 높다는 사실이 밝혀졌다. 17세 미만의 미혼모에서 태어난 아이는 정상 성인 여성에게서 태어난 아이보다 범법행위의 위험이 더 높다는 연구결과도 있다.

산모의 최초 출산연령이 아동의 비행을 예언하는 기준이 된다는 사실이 케임브리지 연구와 피츠버그 연구에서 밝혀졌다. 케임브리지 연구에서 10대 여성에게서 태어난 아동의 27%는 비행을 저지르는데 이는 성인 여성에게서 태어난 아이의 18%가 동일한 범행을 한 것보다 높다는 사실이 밝혀졌다. 보다 많은 자료 분석의 결과에서도 10대 여성이 낳은 아이들 가운데 범죄자가 되는 사례가 많고 무책임한 반사회적 행동을 하는 빈도가 월등하게 높다는 사실이 밝혀졌다.

부모의 스트레스, 불안, 우울증은 아동의 비행유발 가능성을 높인다는 사실이 피츠버그 연구결과에서 밝혀졌다. 2009년 영국에서 얻은 자료를 보면 출산을 앞두고 불안감과 우울증을 경험한 산모에서 태어난 아이들은 행동문제를 야기할 가능성이 매우 높다는 사실이 바커(E. Barker)의 연구결과에 의해 밝혀졌다. 케임브리지 연구에서는 산모의 불안과 우울증은 아동의 반사회적 성격 점수에 영향을 준다. 특히 18세에서는 그 점수가 가장 높으나 32세에서는 그렇게 높지 않다는 사실이 밝혀졌다.

부모의 약물오용 경험으로 아동의 반사회적 행동 위험을 예측할 수 있고 임신 중 산모의 흡연은 아동의 사이코패스 점수를 높일 가능성이 있다는 사실이 「Pittsburgh Youth Study」에서 밝혀졌다. 임산부의 흡연을 통해 폭력과 지속적 범죄 유발 가능성이 예언된다는 사실이 핀란드에서 수행한 대규모 표집에 대한 추적연구에서 밝혀졌다. 산모의 흡연은 10대 산모, 단일부모 가족, 그리고 예기치 않은 임신모와 결합하였을 때 범행 위험이 10배가 증가한다. 산모의 물질오용 경험은 아동의 건전한 발달을 크게 해친다는 연구결과도 있다.

사회 및 대인관계

사이코패스를 유발하는 요인으로 큰 비중을 갖는 것이 환경요인이다. 이 주장의 타당성은 세계적으로 권위를 인정받는 두 연구 방법—케임브리지 연구 프로젝트와 피츠버그 연구 프로젝트의 결과—에 의해 입증되었다.

케임브리지 연구 프로젝트는 범법자나 반사회적 행동자를 대상으로 40여 년간 수행된 장기 프로젝트다. 연구자는 런던에 거주하는 8~48세까지 여러 연령층의 411명을 면접 조사하였다. 연구자는 범행경험이 없는 8~10세를 대상으로 철저하게 조사하였다.

이 조사에서는 개인, 가족, 사회경제적 위험요인이 모두 포함되었다. 연구자는 48세까지 생존한 394명 가운데 365명(93%)을 다시 면접하였다. 면접 조사에 참여했던 365명 가운데 304명(83%)에게는 사회적 면접과 의학적 면접을 실시하였다. 여기에서는 SCID-II, PCL: SV가 포함되었다. PCL: SV 점수의 분포는 0~17(평균 3.5)이었다. 그들 가운데 167명(41%)의 남성은 50세가 되기까지 범법자가 되었다. 이들은 도둑질, 절도, 폭력, 공공기물 파손, 사기, 약물 오용자 등이었다. 범법자 가운데 28명은 만성적으로 범죄를 저지르는 범죄자가 되었다. 그들은 10회 이상 범법행위에 가담했다. 만성적으로 범죄를 저지르는 범죄자는 표집의 7%가 해당되며 모든 범죄의 52%가 된다. 이와 같은 결과는 다른 연구결과와 크게 다르지 않았다.

피츠버그 연구 프로젝트는 피츠버그에 거주하는 소년 500명을 대상으로 한 연구로 3개 집단에 대한 장기 추적연구다. 피험자는 7세, 10세, 13세 때 최초 검사를 받는다. 가장 젊은 피험자는 25세 때, 그리고 가장 나이가 많은 피험자는 30세 때 각각 검사를 받는다. 이때 다양한 심리검사를 받는다. 중간층 피험자는 13세 때 아동기 정신병리검사를 받았고, 24세 때에는 PCL: SV 검사를 받았다. 이 검사는 비교적 높은 일관성이 보장되었다.

일반적으로 부유한 가정의 아이들은 반사회적 행동, 특히 폭행범이 비교적 적다. 낮은 사회경제적 환경에서 성장한 아이들이 폭행과 같은 범죄를 범한다. 하위급에서 성장한 아이 가운데 깡패나 도둑이 되는 비율은 중산층 아동에 비해 두 배가 더 많다는 사실이 「U.S. National Youth Survey」에서 밝혀졌다.

낮은 사회경제적 수준의 가정에서 성장한 아이들이 후에 범법자가 되는 사례가 현저히 많다. 이 연구에서 사회경제적 기준은 아버지의 직업이었다. 이와 같은 사실은 「Stockholm Metropolitan Project」

와 뉴질랜드에서 행해진 「Dunedin Study」 결과에서도 밝혀졌다.

낮은 사회경제적 수준을 일반 범죄 예언 지표로 사용하는 것은 일관성이 보장된 기준이 될 수 없으나 낮은 수입과 같은 점을 고려할 때에는 그런대로 의미가 있다. 일반 수입이나 직업적 명성 같은 것을 측정할 때에는 그런대로 의미가 있다.

케임브리지 연구에서 가족의 수입이 적거나 넉넉하지 못한 가정에서 성장한 아이 가운데 비행자가 많이 나오고 성인 범죄자가 많이 나온다는 사실이 입증되었다. 실제 가족의 수입이 적으면 만성 범죄자가 될 가능성이 높다. 8세 때 가족의 수입이 적고 8~10세 때 사회적 계급이 낮은 환경에서 사이코패스가 빈번하게 발생한다. 빈곤은 전체 사이코패스 점수를 예언하는 주요 독립변수가 되고 높은 대인관계-정동점수가 높게 나올 수 있다.

부유한 가족은 젊은 세대의 범행을 방어하는 역할을 한다는 사실이 2008년에 발표한 도널드 라이넘(Donald Lynam) 등의 연구에서 입증되었다. 13세 때 사이코패스 점수가 낮은 아이, 생활이 궁핍해지는 아이, 반사회적 친구를 가진 아이, 그리고 보다 많은 체벌을 받은 아이들은 사이코패스의 세계에서 쉽게 벗어나지 못한다.

비행을 저지르는 친구를 가진 아이들이 비행을 저지를 것이라는 사실은 어렵지 않게 예언이 가능하다. 이는 비행은 한 아이에 의해 저질러지는 경우보다 집단에 의해 저질러진다는 사실을 입증한다. 이와 같은 현상은 21세 이전에 빈번하게 나타난다. 비행을 저지르는 친구가 자기에게 영향을 주기도 하지만 그는 친구로부터 비행을 배우는 경우도 있다. 비행을 저지르는 친구는 14세까지는 잘 나타나지 않으나 만성적 범죄는 14세 이전에도 빈번하게 나타난다. 공격적인 아이들은 그들의 친구로부터 배척을 받는다. 공격적인 아이와 그것 때문에 친구에게 버림을 받은 아이들은 범죄자가 되기 쉽다는 사실이 케임브리지 연구에서 밝혀졌다.

「Oregon Youth Study」의 결과를 보자. 9~10세 때 친구와 어울리지 못한 아이들은 23~24세 때 빈번하게 반사회적 행동을 하는 경향이 있다. 2003년 스톡홀름에서 발표된 자료에서 과잉활동장애 아동의 PCL-R 점수가 현저히 높았으나 일반 아동에서는 그러한 성향이 발견되지 않았음을 알 수 있다. 2008년 스웨덴에서 발표된 자료에서 사이코패스 특성 점수가 높을수록 친구관계를 맺기가 어렵다는 사실을 발견할 수 있다. 품행이 단정한 아이는 스스로 사이코패스가 되는 것을 방어할 수 있다.

2004년 캠벨(M. Campbell) 등의 회고적 연구에서, 피험자들 가운데 친구가 많은 아이들의 PCL: SV 점수가 매우 낮다는 사실을 발견할 수 있다. 2008년 배리(T. Barry) 등은 사회적 경쟁력 점수가 높은 가정에서 성장한 아이들이 범죄자가 되는 것은 극히 드물다는 사실에 주목할 가치가 있다고 하였다. 8~10세 때 주위의 관심을 받지 못하는 아이들 가운데 청소년기에 공격적 행동을 하고 10대 폭행에 동조하는 아이들이 많다는 사실이 케임브리지 연구에서 밝혀졌다.

농어촌 지역에 거주하는 소년들보다 도시 지역에서 생활하는 소년들이 폭행범이 되는 사례가 많다. 「U.S. National Youth Survey」의 조사에서 엘리엇(D. Elliott)은 도시 거주자 가운데 공격적 행동과 도둑질 하는 빈도가 높다는 사실, 또 도시 거주자 중에도 범죄 생활 환경에서 생활하는 아이들에서 범죄자가 많이 발생한다는 사실을 발견하였다. 범죄자와 이웃하고 살고 있는 환경에서 보다 많은 범죄자가 발생한다는 사실은 「Rochester Youth Development」 연구에서 찾아볼 수 있다. 1998년 데이비드 페링톤(David Farrington)은 좋지 못한 친구를 가진 아이 가운데 폭행범이 되는 사례가 많다는 점을 주장한 바 있다.

여성 사이코패스

남성과 여성

　개인의 행동은 여러 가지 요인, 예를 들면 선천적 요인, 후천적 요인, 생물학적 요인, 심리적 요인, 사회학적 요인, 신경학적 요인의 통합체다. 무엇보다도 이상행동의 특성은 보다 복잡한 요인에 의해서 결정된다. 사이코패스의 특성은 다른 심리적 특성과 마찬가지로 성차에 따라 다르다. 우선, 발생빈도가 성차에 따라 크게 다르다. 남성 사이코패스의 발생빈도와 여성 사이코패스의 발생빈도는 4:1로 남성 사이코패스 발생빈도가 여성 사이코패스 발생빈도보다 월등하게 높다.

　남성과 여성의 생활양식은 크게 다르다. 남성은 주로 사회적 지위를 추구하고 여성은 안전을 추구한다. 이것이 삶에 있어서 큰 동력의 역할을 한다. 남성은 매우 공격적으로 행동하고 여성은 애정감각이 매우 풍부하다. 남성의 공격성은 그들의 사회적 지위를 얻기 위한 수단, 여성의 애정감각은 안전을 얻기 위한 수단이다. 남성은 자신이 원하는 것을 얻기 위해 동정심을 베풀지 않고, 여성은 자신이 원하는 것을 얻기 위해 폭력을 사용하지 않는다. 남성은 여성에 비해 냉정하고 공격적으로 행동한다. 이렇게 남성과 여성의 특징은 크게 다르다.

여성 사이코패스

여성 사이코패스의 특성은 남성 사이코패스의 특성을 바탕으로 추리하거나 비교함으로써 부분적으로 밝혀져 왔다. 보다 체계적인 여성 사이코패스에 대한 연구는 미국의 정신건강의학과 의사 클렉클리로부터 시작되었다. 그 역사는 결코 짧지 않다. 그는 그의 저서 『건강의 가면』에 자신이 임상적 경험에서 축적한 방대한 자료를 소개하였는데 이는 현대 사이코패스에 대한 지식의 보고가 되었다.

그는 여성 사이코패스 환자 15명에 대한 관찰에서 사이코패스의 핵심적 증후 16개를 발견할 수 있었다. 그는 이 자료를 바탕으로 객관적 측정도구를 개발하였다(〈부록 A〉). 그의 저서에는 자기의 잘못을 뉘우치지 않고 반사회적 행동이 심한 두 사례의 특성과 10세 소녀 로버타(Roberta)의 행동 특성이 자세히 소개되어 있다. 이 소녀는 죄의식이 없고 거짓말을 잘하며 주위 상점에서 물건을 훔치는 일이 많았다. 나이가 들면서 행동에 많은 변화가 왔다. 충동적으로 행동한다. 불법적으로 성관계를 즐긴다. 자신의 잘못된 행동에 대해 전혀 죄의식이 없다. 클렉클리는 그녀의 잘못된 행동이 의식적으로 저질러지는 것이 아니라는 사실을 발견할 수 있었다.

허비 클렉클리는 사이코패스의 행동에서 폭행과 공격성이 큰 비중을 갖는다는 사실을 임상적 경험을 통해 확증할 수 있었다. 이것이 성별차와는 상관없이 사이코패스의 증후를 기술하는 데 크게 도움을 준다는 사실도 분명하게 밝히고 있다. 이 사례연구는 현대 사이코패스에 대한 임상적 연구의 기초가 되었다.

인간의 많은 행동에는 큰 성별 차가 있다. 그것은 선천적으로 타고난 것도 있고 후천적으로 습득한 것도 있다. 일반적인 생활방식에 남녀 간의 차이가 있고 고급 두뇌의 기능에도 차이가 있다. 환자의 증후에도 큰 성별 차가 있다는 사실을 바탕으로 정신건강 문제를 다루는 임상가나 연구자는 치료계획을 세우고 예후도 전망해야 한다.

여성이라는 특성에만 수반되는 사이코패스가 있지만 2%도 알려져 있지 않다. 그것은 몇 가지 사실을 두고 보면 쉽게 이해할 수 있다. 우선, 지금까지의 사이코패스에 대한 연구가 남성 중심으로 이루어졌다는 점에 주목할 필요가 있다. 이는 남성 중심의 특수한 문화적 환경이기 때문이었다.

이러한 특수한 환경에서 이루어진 여성 사이코패스의 특성은 남성 특유의 장애를 바탕으로 이해되어 왔다. 이러한 제한된 환경에서 종사하는 임상가나 연구자 가운데 많은 사람이 여성 사이코패스 특성의 발견에 관심을 가졌다. 그 특수한 존재의 실체를 밝히는 데 관심을 가진 사람들은 남성에서 발견된 지식을 여성의 사이코패스 연구에 그대로 적용할 수 있을 것으로 생각했다. 하지만 그것으로는 여성 사이코패스의 실체를 밝히는 데 크게 부족함을 느꼈다. 여성 사이코패스가 남성 사이코패스와 근본적으로 다른 것은 물론 아니다. 그들 사이에는 유사한 점도 있고 다른 점도 있다. 하지만 남성을 대상으로 한 연구결과에서 여성 사이코패스의 기제를 추리하는 방법은 바람직하지 않다.

발병과 진행과정

여성 사이코패스 연구에 관심을 갖는 사람은 여성 사이코패스를 유발하는 여성 특유의 요인을 찾는 데 관심을 갖는다. 초기의 연구자들은 사회적 환경에 큰 비중을 두었다. 하지만 그것은 사이코패스를 유발하는 데 필요하고도 충분한 조건은 되지 못한다. 그들은 유전적 요인, 신경학적 요인 등에 의해 개인의 뇌활동, 성격, 기질의 특성이 결정된다는 사실도 알고 있다.

사이코패스는 여러 가지 요인이 통합된 산물이다. 이는 또 성의 특성에 따라 서로 다른 증후가 나타날 수도 있고 그 증후의 강도도 달라진다. 이로 보아 여자인 사이코패스는 남성 사이코패스와는 다른 유형의 사이코패스, 즉 여성 사이코패스가 존재한다는 점을 생각할 수 있다.

사이코패스에 대한 이해는 단순히 유전적 요인이나 환경적 요인의 지식만으로 이루어질 수 없다. 보다 많은 학제 간의 연구에서 얻은 전문 지식을 필요로 한다. 개인의 유전적 요인은 뇌의 발달은 물론 그의 성격 형성에 직접 영향을 주며, 사이코패스 장애 유발에도 직접 영향을 준다. 사이코패스는 생물학적, 기질적, 선천적 요인은 물론 사회적 요인의 영향도 크게 받는다. 사이코패스를 유발하는 요인으로 성별 차 변인도 과소 평가해서는 안 된다.

사이코패스는 전체 인구의 0.5~1.0%에서 발병하지만 교도소 수감자의 20~25%를 차지하는 매우 심각한 범죄로 분류된다. 여성 사이코패스 연구자료를 보면 극소수의 예외를 제외하고는 남성 사이코패스의 발생빈도는 여성 사이코패스의 발생빈도보다 높다. 교도소 수감자를 대상으로 한 연구에서 여성 사이코패스의 PCL-R 점수는 남성 사이코패스의 PCL-R 점수보다 낮다. 이는 여성의 사이코패스 수준이 남성의 사이코패스 수준보다 낮다는 사실을 의미한다. 이와 같은 현상은 다른 범죄정신의학적 연구에서 발견된 것과 크게 다르지 않다. 젊은 남성 사이코패스의 진행과정의 특성은 그 초기 범행성향, 법규위반, 신체적 공격성 등에 의해 정확하게 예언되고, 젊은 여성 사이코패스 진행과정은 질투, 언어성 공격성, 권모술수의 특성에 의해서 예언된다.

사이코패스의 발병과 증후표출 양상은 남녀 간에 큰 차이가 있다. 특히 아동기의 문제행동과 반사회적 행동에 있어서 양성 간에 큰 차이가 있다. 여성의 경우 이들 증후가 청소년기에 나타난다. 젊은 여성의 반사회적 행동은 남성의 반사회적 행동과 그 양상이 크게 다르다.

남성 · 여성 사이코패스의 행동 특성에 큰 차이가 있다는 사실은 엘엄 포루잔(Elham Forouzan)과 데이비드 쿡(David Cook)이 2005년에 발표한 연구자료[『Behavioral Science and Law』, 23(6), 765-778]에 자세히 소개되었다. 이 자료를 보면 여성 사이코패스의 행동표출은 남성 사이코패스의 행동표출과 크게 다르다. 여성 사이코패스는 남성 사이코패스에 비해 권모술수를 부려 어려운 사태나 일을 잘 해결해 나간다. 남성 사이코패스는 사태 해결을 위해 협잡을 부리고 게으름을 피운다.

행동표출과 대인관계의 특성에서 양성 간에 현저한 차이가 있다. 즉, 여성은 남성에 비해 시시덕거리는 편이고 남성은 협작꾼이며 권모술수가 능란하다. 여성들은 가출하는 경향이 있고 자기상을 통해 사람들의 주위를 끌려고 한다. 이는 모두 충동성과 깊은 관계가 있다. 물건을 훔치고 사기행각을 부린다. 남성의 경우 폭행과 같은 범죄를 저지르는 경우가 많다. 공격성에 있어서도 양성 간에 큰 차이가 있다. 남성은 신체적 공격을, 여성은 언어적 공격을 하는 경우가 많다. 사회적 기준도 남성과 여성의 특성에 따라 다르게 평가되어야 한다. 예를 들면, 서양 사회에서 여성은 경제적으로 남성에 의존하고 있다. 이와는 달리 남성은 여성에 기생하는 것으로 만족해하고 있다.

진단과 치료

사이코패스 진단을 위해 가장 많이 쓰이고 있을 뿐만 아니라 높은 타당도가 입증된 것은 헤어의 PCL-R이다. 이 도구의 정신측정학적 특성과 그 결과에 대해서는 이 책의 다른 곳에서 자세히 설명하였기 때문에 여기서는 되풀이하지 않는다. PCL-R은 다음과 같은 특성을 측정하는 문항으로 되어 있다.

1) 표면성

2) 죄의식 결여

3) 행동 통제능력 결여

4) 과대망상

5) 동정심 부족

6) 기생적 생활의 특징

  (1) 초기 행동 문제

  (2) 청소년 범죄 문제

  (3) 거짓말

  (4) 동정심 결여

  (5) 무계획성

  (6) 권모술수

  (7) 충동성

  (8) 무책임성

  (9) 범죄행동

이 척도에 의해서 받을 수 있는 최고 점수는 40점이고 30점은 사이코패스의 문지방 점수로 간주된다. 25점은 보통 수준의 기준이다. PCL-R은 간편한 선별도구로 사용할 수 있게 수정 보완되었는데 그

것이 1995년에 나온 PCL: SV이다. *

　PCL-R은 신빙성이 보장된 측정도구로 장차 일어날 수 있는 폭행과 반사회적 행동, 범죄행동을 비교적 정확하게 예언 가능한 도구로도 사용 가능하다. 사이코패스에는 남녀 차가 있다는 사실이 PCL-R에 의해 측정된 객관적 자료에 의해서 입증되었다.

　여성 사이코패스의 발생빈도는 남성 사이코패스의 발생빈도보다 훨씬 높다. 남녀 사이코패스의 문제행동, 특히 공격성과 같은 행동에 대한 치료의 반응은 크게 기대할 수 없다. 특히 PCL-R 점수가 높을수록 치료효과는 기대하기가 더 어렵다. 경우에 따라서 치료에 의해 사태가 악화되는 사례도 있다. 사이코패스의 동정심, 양심, 대인관계, 낮은 자기존중감, 불만, 우울증 등은 치료를 통해 상태가 호전되는 사례가 거의 없다. 따라서 사이코패스의 경우 장애의 치료보다는 그 발생을 예방하는 것이 보다 바람직하다는 주장도 있다.

　여성 사이코패스의 치료효과는 크게 기대할 수 없다. 이는 남성 사이코패스 치료효과와 크게 다르지 않다. 이와 같은 특성은 전체 사이코패스의 행동치료 결과와 크게 다르지 않다. 초기의 치료자들이 남성 사이코패스의 치료에서 크게 실망한 것 때문일 수도 있다. 특히 PCL-R의 점수가 높을수록 치료효과는 더욱 낮다. 그렇다고 여성 사이코패스의 치료효과를 전혀 기대할 수 없다는 뜻은 아니다.

* Hart, S., Cox, D., Hare, D. Manual for the Psychopathy Checklist: Screening Version(PCL: SV). Toronto: Multi-Health System, 1995.

제6장

아동/청소년 사이코패스

아동/청소년 사이코패스

　오늘날 우리들에게 친숙해진 사이코패스의 개념은 미국의 의사 허비 클레클리의 저서에 자세히 소개되었다. 그는 특수기관에서 수용 생활을 하는 성인 사이코패스의 행동관찰 기록 자료를 바탕으로 사이코패스의 개념을 체계화하였다. 그는 성인에서 나타나는 주요 임상적 증후를 16개 문항으로 묶어 개인의 성격 특성을 수량적으로 측정할 수 있는 도구를 만들었다. 이것이 사이코패스에 대한 조작적 연구의 기반이 되었다.

　그는 이 저서에서 사이코패스의 기초는 아동과 청소년의 행동 특성에 있다고 주장하였다. 이 주장을 보면 오늘날 우리들이 사용하는 사이코패스의 지식 기반은 아동과 청소년에 있다는 점, 그리고 우리에게 알려진 사이코패스의 임상적 증후는 성인의 행동 특성에 기초를 두고 있음을 확실하게 알 수 있다.

　사이코패스의 주요 특징은 아동과 청소년의 행동에서 찾아야 할 필요가 있다. 이와 같은 주장은 1964년 매코드와 그의 저서 『사이코패스: 범죄자의 마음에 대한 수필(The Psychopathyic: An Essay on Criminal Mind)』에 잘 소개되어 있다. 그의 주장은 임상가나 연구자에게 큰 영향을 주었다. 20여 년 후 미국 정신의학회는 공격적 행동이 현저하게 나타날 때 행위장애로 진단하기로 의견을 모았다. 학회는 이 공격적 행동을 비사회화된 공격과 사회화된 공격으로 양분하였다.

　그들의 주장에 따르면 비사회화된 공격성이 현저할 때 사이코패스로 규정하였다. 이들은 동정심과 애착심이 부족하다. 그 외에도 그들에게는 여러 가지 형태의 정신병적 특성이 현저하게 나타나며 좋은 예후를 기대할 수 없다. 이러한 사이코패스에 대한 용어는 미국 정신의학회의 공식적 용어로 오래 사용되지 못했다. 1994년 DSM에서 자취를 감추게 되었기 때문이다. 이같은 학회의 공식적 입장의 변화로 사이코패스는 전문가들의 관심에서 점차적으로 멀어지기 시작했다.

　관심을 달리하는 전문가들은 성인 사이코패스의 발병 원인은 심한 증후가 나타나기 전에 밝혀져야 한다고 주장하였다. 그들의 관심은 자연스럽게 아동 및 청소년의 생활특성을 밝히는 데 집중되었다. 이와 같은 흐름에 따라 아동 및 청소년 사이코패스에 대한 체계적 연구가 본격적으로 이루어졌다. 아동 및 청소년의 사이코패스를 유발하는 요인은 많이 있다.

　아동 및 청소년 사이코패스는 유전적 특성에 의해서 결정된다는 주장 때문에 한때 부모의 양육방식과 같은 환경은 사이코패스의 발달과 무관하다는 주장도 나왔다. 하지만 극단적 유전론이나 환경론은 아동 및 청소년 사이코패스의 기제를 밝히는 데 큰 도움이 되지 못한다. 한때 전문가들 가운데에는 아동 및 청소년의 행위장애, 주의력 결핍 과잉행동장애 등이 이들 장애의 전부인 것처럼 잘못 생각하는 학자도 있었다. 다행히 이들과 입장을 달리하는 연구자들에 의해서 아동 및 청소년 사이코패스의 역학적 요인이 많이 발견되었다.

사이코패스는 일종의 성격장애다. 사이코패스의 행동 특성은 대인관계, 정동, 그리고 일탈행동을 통해 외부에 표출된다. 사이코패스를 정동적 측면에서 보면 그들은 깊은 정서 또는 감정이 없고 다른 사람과 깊은 유대관계를 가지지 못한다. 대인관계의 측면에서 보면 오만하고 속임수가 많고 자애적이며 꼼수를 부리고 대인관계가 원만하지 못하다. 행동 측면에서 보면 충동적이고 책임감이 없고 때로는 범죄를 저지르고, 반사회적 행동 집단에 가담한다. 이와 같은 사실을 보면 사이코패스와 범죄와는 밀접한 관계가 있음을 알 수 있다.

아동/청소년의 애착심

영국의 심리학자 존 볼비에 의하면 아동/청소년의 애착심은 그들과 양육자와의 관계에 의해서 형성되어 발달한다고 한다. 그의 주장에 의하면 건전한 그들 간의 관계없이는 건전한 애착심을 기대할 수 없다고 한다. 아동/청소년의 애착심은 그들의 정신적 표상이나 대인관계의 특성에 의해 결정된다. 성장하는 아동/청소년은 양육자와의 관계를 바탕으로 자기네들의 가치, 신념, 사회적 규범 등을 학습한다. 이들 간의 건전한 애착관계는 성장하는 아동/청소년의 생활에 여러가지 긍정적 영향을 준다. 즉, 형제간에 보다 긍정적 관계를 맺을 수 있다. 자존심이 강하고 독립적이다. 충동성을 효과적으로 조절한다. 동정심이 강하다. 이타적 사회관계를 유지한다. 그리고 어려움에 직면하였을 때 그것을 효과적으로 극복한다.

건전한 애착관계에는 사이코패스의 발달을 방어하고 반사회적 행동을 예방하는 기능이 있다. 이와는 달리 아동의 불건전한 애착은 행위장애를 유발하는 위험요인으로 작용한다. 애착관계가 불건전한 아이들은 양육자를 불신하고 그에게 분노를 표출하고, 양육자가 가지는 긍정적 측면을 받아들이지 못하고 감정조절에 필요한 기술 습득의 기회를 상실하는 사례가 많다.

청소년의 불건전한 애착은 문제행동의 근원이다. 회피성 애착아동은 양육자와 긍정적 유대관계를 유지하지 못하기 때문에 양육자와 친근해질 수 없다. 그 결과, 자신의 분노를 참지 못하고 엉뚱한 대상에 분노를 표출한다. 결과적으로 그의 적개심과 분노는 외부로 표출된다. 불건전한 애착관계는 행동장애와 깊은 관계가 있는 범죄나 행동장애로 이어진다.

존 볼비는 1944년에 처음으로 애착심과 사이코패스의 관계를 언급하였다. 그의 주장에 따르면 비행자의 무정서 성격에는 온정감이 결여되어 있다고 한다. 그러므로 다른 사람에게 관심을 갖지 못한다. 애착이론에 의하면 자신의 양육자와 건전한 애착관계를 맺지 못하면 남에게 동정심을 베푸는 기회를 갖지 못한다. 더 나아가서 원만한 대인관계를 가질 수 없다고 한다. 결과적으로 사이코패스와 유사한 행동에 빠져들 위험이 매우 크다.

부모-자녀 간의 유대관계

건전한 부모-자녀 간의 유대관계는 건전한 부모-자녀 간의 애착관계로 이어진다. 이와 같은 주장을 뒷받침할 수 있는 Kimbrel 등의 2007년 연구결과를 살펴보자. 어머니의 양육수준이 낮을수록 그 자녀의 사이코패스 수준은 현저하게 높다. 특히 반사회적 행동 특성이 높다. 반면, 대인관계나 정동 특성에는 영향을 주지 않는다.

부모-자녀 간의 유대관계와 사이코패스의 관계를 보다 체계적으로 탐색한 것이 2010년 가오(Gao) 등의 연구다. 이들은 지역사회 표집 333명을 대상으로 부모-자녀 간의 유대관계와 사이코패스의 관계를 집중적으로 연구하였다. 이들은 생후 1년 안에 부모와의 유대관계가 끊어진 아이들을 25년 후에 만나 보았다. 그들과의 만남에서 아이들의 행동은 사이코패스와 유사한 특질이 두드러지게 나타난다는 사실을 발견할 수 있었다.

부모-자녀 간의 유대관계가 손상되면 사이코패스 성격 특성의 수준은 크게 높아진다. 어머니의 양육수준에 따라 사이코패스의 수준은 달라진다. 즉, 어머니의 양육수준이 낮을수록 사이코패스 점수는 크게 높아진다. 이에 따라 대인관계, 정동 행동과 반사회적 행동 특성이 크게 저하된다. 이와 같은 특성은 피험자의 성별, 사회적 유해성, 인종 특성, 그리고 신체적 특성과 같은 요인을 통제했을 때에도 크게 달라지지 않는다.

이와는 대조적으로 부모의 양육수준과 사이코패스의 행동 특성과는 전혀 상관이 없는 경우도 있다. 부모의 과잉보호가 사이코패스의 유발을 좌우한다. 즉, 부모의 과잉보호 수준이 낮으면 그 수준이 높을 때보다 전체 사이코패스 점수도 낮다. 전망적 연구결과를 보면 3세 이전에 부모와 결별한 아이들은 이러한 경험을 가진 아이들에 비해서 어머니의 보살핌을 별로 받지 못한 것으로 밝혀졌다.

더 나아가서 3세 이전에 부모와의 결별을 경험한 성인의 사이코패스 점수가 그렇지 못한 사람에 비해 월등하게 높고 행동/반사회적 사이코패스 점수도 높다. 그러나 사이코패스의 대인/정동적 요인 사이에는 의미 있는 차이가 없다. 이와 같은 주장은 볼비의 애착이론과 상반된다. 볼비의 주장에 따르면 초기에 결별한 사람의 경우 사이코패스의 대인/정동적 기능에 보다 많은 문제가 따른다고 한다.

부모에 대한 아동–청소년의 애착심과 친밀성의 수준이 낮을수록 사이코패스의 수준은 현저히 높아진다. 이와 같은 사실을 입증하는 데이비드 코손(David Kosson) 등의 연구결과를 살펴보자. 그들은 비행소년을 대상으로 그들의 행동과 애착수준과의 관계를 밝히는 데 역점을 두었다. 피험자는 보호관찰소나 단기 수감기관에 수감되어 있는 청소년 집단이다. 연구결과에서 사이코패스의 수준이 높을수록 가족과의 접근성은 크게 떨어지며 사이코패스 점수가 높을수록 부모에 대한 애착심 수준이 크게 떨어진다는 사실을 발견할 수 있다.

　코손 등의 연구를 바탕으로 아동의 애착심과 사이코패스의 관계 연구가 새롭게 발전하였다. 줄리안 플라이트(Jullian Flight)와 아델 포스(Adelle Fourth)의 2007년 연구결과를 보자. 이들은 어머니와 아버지에 대한 애착이 사이코패스의 발달에 서로 다른 영향을 준다는 사실을 발견하였다. 이들의 주장에 따르면 아버지에 대한 애착 수준이 낮은 아이일수록 사이코패스의 수준은 현저히 높고, 또 비행 범행의 가능성이 높다고 한다.

　아동/청소년의 사이코패스 수준은 양육 스트레스보다는 냉정한 정서적 요인의 영향을 크게 받는다는 사실이 2008년에 발표한 피트(Fite)의 연구결과에 의해서 밝혀졌다. 그들은 6~12세까지 수용 시설에서 생활하는 아동 212명을 피험자로 하여 여러 가지 검사를 하였다. 그 결과, 부모의 양육 스트레스는 사이코패스의 특성과는 무관하다는 사실이 밝혀졌다. 하지만 양육 스트레스는 냉담한 무감각과는 밀접한 관계가 있다. 이와 같은 사실은 공격적 행동과 같은 요인을 통제했을 때에도 크게 다르지 않다.

　부모의 양육 스트레스 본질을 보다 자세히 분석해 보면 그 본질은 애착의 요소와 깊은 관계가 있음을 알 수 있다. 아동에 대한 애착문제를 가진 부모의 주장에 따르면 그의 아이들에서도 사이코패스의 특성이 나타난다고 한다. 특히 냉정하고 무감정의 특성과 같은 것이 보다 두드러지게 나타난다고 한다. 이는 볼비의 애착이론과 일치한다.

　이와 같은 주장을 보면 성장하는 아동이 유아기에 양육자와 정서적 유대를 형성하는 데 실패하면 사이코패스에서 나타나는 것과 같은 대인관계의 어려움을 피할 수 없다. 이와는 달리 부모의 온정적 태도는 아동의 반사회적 행동 성향을 경감시킨다.

이와 같은 사실을 보면 부모-자녀의 관계는 아동의 내적 세계와 아동기의 냉정한 정서과정을 이해하는 데 있어서 매우 중요하다는 사실을 알 수 있다. 연구에서 발견된 또 다른 중요한 것은 불안수준이 낮은 아이들도 부모가 온정적이라고 보고할 때는 냉정함과 무감각성이 줄어든다는 점이다. 부모의 높은 온정심과 관심은 냉정한 무감정 특성 발달에서 생기는 불안으로부터 아이를 보호하는 기능을 한다.

제7장

사이코패스의 치료

사이코패스는 효과적으로 치료될 수 있는가? 지금 이 질문에 긍정적 답을 줄 수 있는 사람은 그렇게 많지 않을 것이다. 그럴 만한 이유가 있다. 현대 사이코패스의 기틀을 닦은 클렉클리와 헤어는 한때 치료효과를 비관적으로 본 적이 있었는데 그 영향이 크다.

한때의 치료자의 노력으로 흐름은 크게 달라지고 있다. 치료효과에 대한 부정적 견해는 점차적으로 긍정적으로 변하고 있다. 최신 고등교육을 받은 사람들에게 사이코패스가 치료될 수 있다고 생각하느냐고 물으면 사이코패스는 치료될 수 있다고 대답한다. 그렇게 대답하는 사람의 수는 계속 늘고 있다. 이와 같은 주장은 2002년 미국 앨라배마대학교 심리학 교수 랜들 살레킨(Randall Salekin)이 발표한 연구결과가 입증해 주고 있다.

긍정적 치료효과의 기대는 결코 우연히 생긴 변화가 아니다. 그것은 시대정신에 따른 변화의 산물이다. 우리에게 절대적인 과학의 지식은 있을 수 없다. 그것은 언제나 큰 변화를 맞을 채비를 하고 있고, 또 그것이 현실적으로 다가오고 있다. 큰 변화에는 사소한 변화가 자연스럽게 따르기 마련이다. 새로운 이론이나 기술이 등장하면 기존의 과학적 발견은 다시 그 건전성이 입증된다.

초기의 연구자들이 사용하는 치료방법이 건전성을 인정받게 되면 그 방법에 의해서 연구된 결과는 더욱 건전한 지식으로 인정받게 될 것이다. 그와 같은 건전성이 입증된 지식도 영원할 수는 없다. 새로운 지식체계가 등장하면 그 자리를 내줄 수밖에 없다. 과학적 발견은 영원할 수 없다.

기존의 치료기법이 언제까지나 최선의 치료기법이 될 수 없다. 반대의 경우도 얼마든지 생각해 볼 수 있다. 사이코패스는 치료될 수 있다는 주장도 바로 이런 흐름에서 생각해 볼 수 있다. 사이코패스에 대한 치료효과의 논쟁은 한때 전문가의 관심이었던 정신치료의 효과에 대한 논쟁과 크게 다르지 않다. 사이코패스 치료효과에 대한 보다 확실한 이해를 돕기 위해 정신치료의 효과에 대한 논쟁의 과거를 살펴볼 필요가 있다.

정신치료

정신장애는 누가 치료해도 그 효과는 크게 다르지 않다. 모두 효과가 있다. 이는 정신치료의 효과에 실망한 사람들을 위로하기 위해 영국의 고대 소설에 나오는 이야기를 부분적으로 소개한 것에 불과하다. 치료 전문가들이 주의 깊게 읽어야 할 부분이다. 이 이야기는 영국의 작가 루이스 캐럴(Lewis Carroll, 1832~1898)의 소설 『이상한 나라의 앨리스(Alice's Adventures in Wonderland)』(1865)에 나오는 도도새의 재판 이야기다.

도도새 법정에 선 도도새는 모두 호수에서 흠뻑 젖은 옷을 입고 있는 상태였다. 이들은 모두 젖은 옷을 말리기 위해 온갖 힘을 다하고 있었다. 이때 도도새 재판관이 젖은 옷을 입은 도도새에게 옷 말리는 경쟁을 시켰다. 그는 옷이 건조될 때까지 있는 힘을 다해 호숫가를 달리게 하였다.

도도새 재판관은 그 성적을 평가하였다. 재판관은 평가과정에서 도도새가 달린 시간이나 달린 거리는 전혀 생각하지 않았다. 재판관 도도새는 다음과 같이 판결하였다. 모든 도도새는 승리자다. 그러므로 모든 도도새는 상을 받을 가치가 있다.

이 이야기는 정신치료의 효과에 실망한 사람에게 용기를 주기 위해 소개한 것에 불과하다. 이 이야기를 보다 거창하게 포장한 심리학자가 있다. 사울 로젠즈윅(Saul Rosenzweig, 1907~2004)은 다음과 같이 주장하였다. 모든 심리치료는 효과가 있다. 모든 심리치료 효과는 다르지 않다. 그들은 모두가 훌륭한 치료자다. 그러므로 모든 치료자는 칭찬받을 만하다.

서로 다른 모든 치료의 효과는 크게 다르지 않고 치료마다 유사한 치료효과가 있다는 사실을 주장한 도도새의 재판은 1975년 레스터 루버스키(Lester Luborsky) 등의 비교연구에 의해 정신치료자들 사이에 찬반논쟁을 일으켰다. 정신치료의 효과에 대한 논쟁은 1970년대에 보다 활발한 논쟁의 대상이 되기 시작하여 지금에 이르고 있다.

한때 정신치료는 만병을 통치하는 유일한 치료기법으로 알려졌다. 그러나 불행하게도 1950년대 초에 정신치료는 최고의 이상행동 치료기술이라는 명성을 잃게 된다. 정신치료의 효과는 기대할 수 없고 경우에 따라서 정신치료는 환자의 상태를 악화시킨다는 주장도 나왔다. 이와 같은 주장은 객관적 자료에 의해 입증되기도 하였다.

런던대학교의 심리학 교수 한스 아이젱크는 1952년과 1965년에 발표한 두 편의 논문에서 정신치료의 비효율성을 지적하였다. 그의 주장은 열띤 찬반논란의 대상이 되었다. 그의 주장에 따르면 정신치료를 받은 환자의 회복은 그러한 처치를 받지 않은 환자의 회복속도보다 빠르지 않다.

치료를 받은 환자에서 나타난 효과는 치료에 의한 효과가 아니다. 그것은 시간의 경과에 따른 자발적 회복현상이다. 치료를 받고 상태가 악화되는 사례까지 나왔다. 모든 정신적 문제를 가진 사람의 2/3는 시간이 지나면 자발적으로 회복된다고 한다. 이와 같은 주장은 정신치료의 무용론 혹은 비효율성을 말해 주고 있다.

20여 년 후 이와 같은 아이젱크의 주장은 반론에 직면하게 된다. 이것이 곧 과학이 가지는 피할 수 없는 숙명이다. 과학은 이렇게 해서 발달한다. 과학에 불변의 진리는 존재하지 않는다. 1971년 알렌 버진(Allen Bergin)은 치료효과에 대한 평가를 다룬 논문에서 통계적 분석결과를 바탕으로 정신치료의 효과가 우월하다고 주장했다.

메리 스미스(Mary Smith)와 글래스(Geny Glass)의 1977년 연구와 마크 립시(Mark Lipsey)와 데이비드 윌슨(David Wilson)의 1993년 연구에

서도 정신치료의 효율성이 입증되었다. 1990년대에 와서 정신치료의 유익성을 옹호하는 연구가 많이 발표되었다. 마틴 셀리그먼(Martin Seligman)은 『American Psychologist』(1995, 50, 965-974)에 발표한 논문에서 정신치료에는 치료 효율성과 효과가 충분히 보장된다고 주장하였다. 같은 논문에서 정신치료는 환자에게 큰 도움을 주며, 장기 정신치료 효과는 단기 정신치료보다 효과가 크고, 투약치료와 정신치료를 병행한 치료효과가 단독 정신치료보다 월등하게 높다고 주장했다.

실제 생활환경에서 얻은 정신치료의 효과는 진료소나 대학 실험실에서 얻은 정신치료의 효과보다 높다. 우울증과 불안에 대한 정신치료는 정신약물치료보다 효과가 높다. 정신치료에는 정신약물치료에는 없는 예방의 기능이 있기 때문에 그것을 선호하는 사람이 많다.

사이코패스에 대한 치료효과는 기대할 수 없다는 것이 현대 사이코패스의 기반을 구축한 클렉클리나 헤어의 강력한 주장이었다. 헤어의 주장에 따르면 사이코패스는 어떠한 치료—정신분석 치료, 집단치료, 내담자 치료, 심리극, 외과수술, 전기 충격치료, 약물치료—에도 전혀 반응이 없다고 한다. 2000년대에 이르러 사이코패스에 대해 행운의 소식이 전해졌다. 무엇보다도 사이코패스는 정신치료에 의해 상태가 크게 호전된다는 치료사례가 폭발적으로 발표되었기 때문이다.

앨라배마대학교 심리학 교수 랜들 살레킨은 사이코패스의 치료효과에 대한 긍정적이고 객관적인 자료를 내세워 사이코패스는 정신치료에 의해 치료된다고 주장했다. 그는 42개의 치료사례를 개관한 결과에서 62%의 환자가 정신치료에 의해 상태가 크게 호전되었다는 사실을 발견했다. 환자는 정신분석 치료, 인지행동치료, 그리고 절충적 치료를 받은 후에 대인관계가 호전되고 잘못을 뉘우칠 줄 알고 동정심을 베풀 수 있게 되었다고 보고했다.

마이클 세토(Michael Seto)와 하워드 바바리(Howard Barbaree)는 1999년 216명의 남성 범죄자에게 인지행동치료를 하고 그 결과를 통제집단과 비교하였다. 32개월간의 추적 결과에서 인지행동치료 집단은 회복이 빠르고 사회적응이 순조로웠다는 사실, 성적 범죄 사이코패스의 회복은 느리고 재범자가 되고, 그리고 특수폭행이 심하다는 사실을 발견하였다.

존 홉슨(John Hobson, 2000)은 영국의 한 교도소에 수감 중인 죄수에서 수집한 PCL-R 결과를 분석하여 PCL-R 점수가 높은 사람일수록 적응이 어렵고 사소한 문제를 일으킨다는 사실을 발견하였다.

제니퍼 스킴(Jennifer Skeem) 등은 2000년에 민간인 정신건강의학과 환자 195명과 잠재적 사이코패스 환자 195명에게 장기 정신치료를 하고 그들에서 나타나는 폭력행동 특성을 조사하였다. 그 결과에서 장기치료 집단에서는 폭력행동의 빈도가 크게 줄어들었다는 사실을 발견하였다. 치료자는 이들에게 상담과정에서 약물을 투여한 결과, 폭력 빈도가 크게 떨어졌다는 사실을 알 수 있었다. 여기서 장기치료에 의해 잠재적 사이코패스의 폭력 빈도는 크게 떨어진다는 사실을 객관적으로 입증한 것으로 볼 수 있다.

헨리 리처즈(Henry Richards)는 2003년 여성 폭행범 404명을 대상으로 약물치료를 실시하고 그 결과를 분석해 보았다. 그 결과, 몇 가지 중요한 사실을 발견하였다. PCL-R 점수가 높은 집단에서는 높은 치료효과를 기대할 수 없다. 퇴원 후의 지속적 추적에서는 PCL-R의 점수가 높을수록 출소 후에 재발하는 사례가 매우 많았다. 성격문제가 있는 사람일수록 재범 경향이 월등하게 높다.

반스텔러(R. Van Stelle)는 2004년 약물오용자와 다른 환자 179명의 피험자를 대상으로 여러 가지 검사를 했다. 주어진 검사를 끝까지 받은 피험자(25%)는 PCL: SV 점수가 낮고 정신의학적 증후도 낮았다. 사이코패스는 진료자의 지시에 잘 따르지 않을 뿐만 아니라 심리검사도 끝을 맺지 못하는 경향이 뚜렷하게 나타났다.

클렉클리의 주장이 발표된 후 사이코패스는 치료되기 힘든 장애로 인식되었다. 쉐드펠드(P. Shedfeld)도 1978년 문헌 개관을 통해 사이코패스의 치료효과는 기대하기 어렵다고 주장하였다. 로날드 블랙번(Ronald Blackburn)은 그의 저서 『범죄행동의 심리학(The Psychology of Criminal Conduct)』(1993)에서 고전적 사이코패스에 대한 치료효과는 매우 빈약하다고 주장했지만 그의 주장을 뒷받침할 만한 자료는 제시하지 못했다.

헤어 등(2000)은 사이코패스에 대한 치료효과를 검증할 목적으로 일련의 실험을 했다. 그는 278명의 죄수에게 인지행동치료를 하고 그 결과를 정상집단의 치료결과와 비교하였다. F1집단(대인관계, 정동관계)은 치료하기도 어렵고 치료 후에도 재범하는 사례가 많다는 사실을 발견하였다.

휴스 등(Hughes et al, 1997)은 9명의 범법자들에게 인지치료와 PCL-R

검사를 하고 결과를 분석하여 그들의 사이코패스 점수와 치료 효과 간에는 역상관관계가 있다는 사실을 발견했다. 즉, 사이코패스 점수가 높을수록 치료효과는 낮다는 사실이 입증되었다. 사이코패스는 자기에게는 심리적 문제나 정서적 문제가 전혀 없다고 생각한다. 자기에게는 어떤 변화도 필요없으며, 자기는 어떤 계획도 없다고 생각한다. 그들은 치료자를 포함한 연장자를 원망한다. 사이코패스는 어떤 치료에도 반응이 없다. 다른 정신치료와 같이 치료를 통해 사태가 악화되는 사례가 많았다. 그랜트 해리그(Grant Harrig)는 1991년 감옥에서 집단치료를 받고 퇴원한 환자에서 폭력 범죄자가 되는 사례가 치료를 받지 않은 사람보다 월등하게 많다는 사실을 발견하였다.

탈압박치료

매디슨(Madison)에 있는 멘도타(Mendota) 비행청소년 치료센터의 마이클 콜드웰(Michael Caldwell)은 그의 동료들과 공동으로 비행 청소년 사이코패스 치료 프로그램을 만들어 이를 긍정적 탈압박(decompression) 치료 프로그램이라고 명명하였다. 이 치료 프로그램은 개인의 특징을 매일 여러 번 점검한다. 여기서는 사회적 관계의 강화에 역점을 두고 매일 반복 실시된다.

이 프로그램의 치료효과를 입증한 실험 하나를 보자. 치료자들은 청소년 폭력범죄자 30명을 세 집단으로 분류하였다. 한 집단은 통제집단으로 어떤 치료도 받지 않는다. 다른 한 집단은 전통적인 집단치료를 받는다. 그리고 한 집단은 탈압박치료를 받는다. 각각의 치료효과를 입증하기 위해 연구자들은 그들을 2년간 추적하면서 상습범행빈도를 조사하였다. 그 결과, 아무런 치료를 받지 않은 집단의 70%는 2년 사이에 적어도 한 번 이상 재수감되었다. 그러나 전통적 치료를 받은 집단은 20%, 탈압박치료를 받은 집단은 10%만이 재수감되었다. 이는 곧 탈압박치료의 높은 치료효과를 입증한 것으로 볼 수 있다.

치료자들은 탈압박치료의 효과를 입증하기 위해 수감 소년 248명을 추적조사하였다. 대집단의 치료자들은 40%에게는 탈압박치료, 60%에게는 전통적 집단치료를 하였다. 재범률은 집단에 따라 크게 달랐다. 탈압박치료를 받은 집단의 재범률은 크게 떨어졌다.

치료자는 범행의 질이 극히 불량한 86명에 대한 치료과정과 그 결과에 대해서도 소개하였다. 이들은 재범 수감자다. 연구자들은 헤어의 PCL: V를 사용해서 사이코패스의 정도를 측정하였다. 수감 중에도 그들은 PCL: V에 의해 다시 평가되었다. 이들에 대한 양적 측정결과를 분석하고 그들 간의 상관관계를 산출한 결과에서 몇 가지 사실을 확인하였다. 첫째, 이들의 PCL: V 점수는 매우 높고 (M=30.2) 재범율과 수감 중의 불량행동과 깊은 관계가 있다. 둘째, 탈압박치료는 수감 중의 불량행동과 재범률을 경감시키는 데 크게 도움이 되었다.

제8장

사이코패스와 책임

사이코패스의 행동은 판단하기가 쉽지 않다. 그들은 빈번히 심한 광기를 부려 주위 사람들을 놀라게 한다. 그들이 부리는 광기에서는 망상이나 환각 같은 것은 발견되지 않는다. 그래서 정신병자로 볼 수 없다. 그렇다고 신경증 환자로도 볼 수도 없다. 그들은 인지기능이 떨어지고 감정조절이 불가능하다. 지적 기능이 떨어지기 때문에 사리판단이 어렵고 감정조절이 불가능하다. 이는 여러 가지 사회적 문제로 이어진다.

이러한 상황에 처한 사이코패스의 행동에는 어떤 책임이 따르는가? 이에 대한 물음에 명쾌하게 답을 주는 사람은 찾기가 어렵다. 사회적 규범에 어긋난 행동만 두고 생각해 보자. 그의 행동에 대한 책임을 물어야 한다는 주장이 있는가 하면 그와 다른 주장을 하는 사람도 있다. 그렇다고 그들을 책임에서 완전히 해방시켜야 한다는 주장은 아니다. 이와 같은 문제해결을 위해 심리학자, 철학자,

법률가, 그리고 신경과학자들이 오랫동안 학제 간 연구를 계속하고 있다. 신경과학자들은 사이코패스 행동은 뇌기능의 이상의 산물이므로 그들의 행동에 대한 책임은 경감되거나 면제되어야 한다고 주장한다. 그들의 뇌이상이란 어떤 것인가?

책임은 건전한 뇌활동을 요구한다

사이코패스의 뇌기능은 정상 상태에서 벗어나 있다. 그들의 뇌활동 영상을 보면 전두엽 피질과 편도체는 정상 기능을 상실하고 있음을 알 수 있다. 개인이 정상적으로 사고하고 의사결정을 하기 위해서는 뇌와 변연계의 활동이 정상적으로 이루어져야 한다. 그랬을 때 그의 인지기능과 정동기능이 정상적으로 활동한다. 이들의 기능이 원만하게 활성화되지 못한 환경에서는 건전한 사고와 의사결정을 기대할 수 없다.

건전한 의사결정과 사고를 위해서는 자신의 동기상태를 충분히 이해해야 하고 그것이 다른 사람에게는 어떤 영향을 주는지 충분히 고려할 수 있어야 한다. 사이코패스의 뇌이상과 행동 간에는 어떤 관계가 있는가? 이 두 변인 간에는 밀접한 관계가 있다. 하지만 그것만으로 인과관계가 설명되지는 않는다. 뇌는 개인의 인지기능은 물론 정동기능까지도 조절한다. 그것으로 도덕적 책임이 따르는 행동과 직접 관계가 있다고 볼 수 없다.

사이코패스의 뇌이상은 행동변화를 수반한다. 하지만 그것으로 인과관계는 설명되지 못한다. 뇌는 개인의 인지적, 정동적 기능을 통제한다. 하지만 도덕적 책임이 따르는 행동과는 직접 관계가 없다. 사이코패스의 뇌는 반사회성 성격(APD)과는 밀접한 관계가 있다. APD와 사이코패스의 특징 간에는 유사한 점이 있다. 즉, 이들은 다른 사람의 행동에 관심이 없고 사회적 규범의 구속을 생각하지 않는다. 정신장애의 경우 개인의 인지적·정동적 통제기능이 행동에 미치는 영향은 절대적인 것이 아니라 정도의 문제일 뿐이다.

사이코패스의 뇌는 반사회성 행동과는 무관할 수 없다. 반사회적 행동의 원인은 뇌의 구조와 기능과 밀접한 관계가 있다. 사이코패스의 행동 특성과 반사회적 행동 특성에는 유사한 점이 많다. 사이코패스와 반사회적 행위자는 다른 사람의 행동에 관심이 없고 사회적 규범의 구속을 받지 않는다.

정신장애의 경우 개인의 인지적, 정동적 통제기능이 그의 행동에 절대적인 영향을 주지 못하고어느 정도까지만 가능할 뿐이다. 그러므로 사이코패스에게 자신의 행동에 대한 절대적·도덕적 책임을 묻는 것은 피해야 한다. 제한된 범위 내에서만 책임을 물어야 한다. 책임을 묻기 위해서는 보다 많은 변인들이 깊이 고려되어야 한다.

책임을 묻기 전에 사이코패스가 가지는 행동통제기능은 충분히 고려되어야 한다. 만일 그에게 그러한 통제기능이 없을 때에는 도덕적 책임을 물을 수가 없다. 그러면 사이코패스에게는 어떤 책임이 주어지는가? 이와 같은 물음에 대한 답을 얻기 위해서 그에 대한 경험적 연구는 물론 도덕적 책임감에 대한 철학적·윤리적 개념이 보다 깊이 논의될 필요가 있다. 철학적·윤리적 관점에서 보면 사이코패스에게는 도덕적으로 사유하고 사회적 규범을 준수할 수 있는 기능이 크게 떨어져 있다. 그러므로 자신의 행동을 책임질 수가 없다. 그렇다고 그 책임에서 완전히 벗어날 수도 없다.

스페인의 신경과학자 라몬 이 카할은 인간의 뇌가 우리 생활에서 차지하는 비중을 이렇게 설명하였다. 인간의 뇌 신비가 밝혀지면 우주의 비밀이 벗겨진다. 정상인의 행동 특성은 물론 정신장애자의 행동 특성도 뇌기능에 대한 지식을 바탕으로 이해해야 한다. 뇌 속에는 인간의 행동뿐만 아니라 우주의 신비를 풀어 갈 지식이 저장되어 있다.

서던캘리포니아대학교의 신경과학자 안토니오 다마시오는 사회적 인지와 결심 과정에서 정서가 매우 큰 비중을 차지한다는 점을 주장한 특이한 과학자다. 그는 사이코패스의 행동은 뇌기능과 무관하지 않다는 사실을 밝히기 위해 그들의 뇌활동 영상을 촬영하였다. 그 결과에서 사이코패스의 충동적 행동과 반사회적 행동은 그의 안와전두피질(OFC)의 기능장애와 깊은 관계가 있음을 발견하였다.

이들의 경우 인지기능은 극히 정상임을 발견하였다. 뇌의 인지기능이 정상적인 경우라 할지라도 OFC의 기능이 손상되면 사회적 규범을 준수하는 것이 불가능하다는 사실도 밝혀냈다. 아동이나 성인의 OFC 기능이 손상되면 그들의 행동 특성은 사이코패스나 사회병질자의 행동과 매우 유사하다.

복내측전두전엽피질(VMPFC)이 손상되면 OFC 손상에서 나타나는 유사한 증후가 나타난다. 이 영역은 전두엽피질의 한 영역으로 개인이 의사소통을 하는 데 필요한 인지적, 정동적 과정을 매개하는 변연체 영역의 정보를 주고받는다. VMPFC의 손상에 수반되는 행동변화는 피어니스 게이지의 고전적 사례에서 충분히 입증되었다. 이 사례에 대한 설명은 이 책의 제4장에 나와 있다.

VMPFC의 손상에는 여러 가지 증후가 수반된다. 먼저, 충동성 억제기능이 상실된다. 장차 수행하게 될 사업에 대한 합리적인 기획수립의 기능을 상실하게 된다. 사회적 규범을 준수하지 못한다. 도덕적 기능도 크게 상실한다. 이는 자신의 잘못된 행동에 대한 책임에서 벗어날 수 있는 전형적 사례로 꼽힌다. 이는 두부손상이 책임혹은 회피에서 큰 비중을 차지하는 사례다.

안와전두피질, 복내측, 복부측면, 전두피질에는 편도에 정보를 보내기도 하고 정보를 받는 기능이 있다. 또 안와전두피질은 유감의 정서를 매개한다. 이는 상반되는 상황에서 의사결정을 할 때 결정적인 역할을 한다.

편도와 변연체 계통은 동정의 정서를 지배한다. 여기에는 자신의 잘못된 행동과 유해한 행동을 인지하는 기능이 있다. 개인이 위험한 사태에 처했을 때 정상적 반응을 하기 위해서는 행동을 자제할 필요가 있다. 이러한 기능이 손상된 사이코패스는 합리적으로 사고할 수 없고, 도덕기능이 저하되어 부정적 행동에 빠져들게 된다. 특히 반사회적 행동을 유발한 가능성이 높아진다.

사이코패스에는 또 다른 신경학적 특징이 수반된다. 궤도/복부측면, 전두엽피질과 편도의 기능이 크게 떨어진다. 이러한 뇌기능의 이상이 오면 정서반응의 강도가 약화된다. 따라서 예민한 정서반응은 불가능하다. 이와 같은 장애가 있을 때에는 편도의 기능이상을 의심해 볼 필요가 있다. 편도의 기능장애는 혐오적 조건화의 기능을 저하시키기 때문에 슬픈 표정 노출이 불가능해진다. 이들은 다른 사람이 자기를 해칠 행동을 해도 그것을 성공적으로 회피하지 못한다.

사이코패스에는 거울신경 기능이 손상된 사례가 많다. 거울신경에는 다른 사람이 생각하는 것은 무엇이고 그의 행동이 가지는 사회적 의미까지도 이해할 수 있는 기능이 있다. 또 여기에는 자아와 타아의 상호 이해기능도 있다.

정서처리 과정과 도덕적 의사결정 과정에서 피질-변연체 통로와 편도는 매우 중요한 역할을 한다. 이 영역의 뇌가 손상된 사이코패스는 인지-정동 통제기능이 크게 손상을 입는다. 그러므로 그들의 행동에 대해 무거운 책임을 묻기는 어렵다. 궤도/전두엽 이상과 복내측/복부측면의 이상이 편도의 이상과 동시에 일어나거나 독자적으로 일어난다고 하더라도 이 영역에서는 실용적 사고기능이나 도덕적 사고기능은 크게 저하된다. 그러므로 사이코패스의 이러한 증후가 뚜렷한 행동에 대해서는 책임을 물을 수 없다.

사이코패스의 행동에 대한 책임 수준이 낮아져야 한다는 주장이 점진적으로 힘을 얻고 있다. 런던대학교의 에시 마리아 바이딩(Maria Essi Viding) 등에 의하면 사이코패스의 특징은 청년기와 아동기에 나타난다. 사이코패스의 증후는 매우 일찍 싹트고 그것은 평생 동안 지속된다고 한다. 보다 구체적으로 살펴보자.

C-U 특성은 7세 때 매우 높은 것으로 밝혀졌는데 이를 유전의 결과로 보는 경향이 있다. 사이코패스의 아동에서는 동형이질성이 나타나는데 이는 환경자극에 대한 정서적 반응기능이 저하된 결과일 수도 있다. 만일 사이코패스의 표현형 특질이 유전적 요인에 의해서 결정된 것이라면 그의 반사회적 행동과 도덕성이 결여된 행동은 자의적 통제가 불가능하다. 이와 같이 유전적 요인에 의해 형성된 행동뿐만 아니라 뇌의 발달장애에 기인한 사이코패스의 행동은 통제가 불가능하다고 보는 것이 일반적 견해다. 하지만 이와 같은 주장은 보다 신빙성이 보장된 경험적 자료를 바탕으로 검증될 필요가 있다.

도덕적 책임은 윤리적 판단을 요구한다

　　사이코패스는 심리학이나 정신의학의 전문지식만으로 다루어질 대상이 아니다. 그것은 보다 다양한 전문과학, 예를 들면 사회과학은 물론 신경과학의 지식을 통합하는 학제 간의 전문지식을 바탕으로 접근되어야 할 대상이다.

　　사이코패스의 반사회적 행동에는 어떤 책임이 따르는가? 사이코패스의 반사회적 행동은 법적 책임과 도덕적 책임의 한계는 어디까지인가? 그들의 범법행위는 처벌을 면치 못하는 경우가 많다. 하지만 그 주체가 사이코패스이기 때문에 법률적 규범에 따라 책임을 물을 수 없다는 주장과 그 주체의 정신건강을 감안해서 책임의 한계를 결정해야 한다는 전문가들의 논쟁은 오래 지속되었다.

심리학자는 심리학의 지식으로, 정신건강의학과 의사는 전문의학 지식으로 그 문제해결을 시도하고 있다. 문제는 쉽게 해결될 수가 없다. 그에 대한 논쟁은 철학적 해석에 큰 기대를 갖게 되었다. 모든 정상인의 행동은 물론 사이코패스의 행동도 도덕성을 요구한다. 하지만 학자들 사이에는 다른 주장도 있다. 사이코패스의 행동도 자기 스스로 도덕적 책임을 져야 한다는 주장과 그들에는 어떤 책임도 지울 수 없다는 상반되는 주장이 있다. 이는 중요한 메타 윤리의 문제이기 때문에 답이 쉽게 나올 수가 없다.

학자들 간에는 도덕적 책임의 본질을 두고 오래전부터 논쟁을 벌여왔다. 도덕적 책임은 도덕적 규칙을 지키는 것이라고 하는 주장(이성론)이 있는가 하면 그것은 도덕적 감성을 지키는 것이라고 주장하는 사람이 있다(감성주의론). 도덕적으로 건전한 정상인은 자신의 행동에 대해 책임을 져야 한다. 그러면 사이코패스의 경우는 어떤가?

일반적으로 사이코패스는 양심과 도덕성이 결핍된 것으로 인식되어 왔다. 그러면 그것이 구체적으로 의미하는 것은 무엇인가? 사이코패스는 자신의 유해한 행위에 대해 책임을 합리화시키는 경향이 있다. 그것은 책임을 회피하기 위해서이다. 그들은 스스로 도덕적 규범을 잘 지켜야 한다는 사실을 너무도 잘 알고 있지만 그것을 잘 지키지 않는다. 더 나아가서 그 규범을 지키는 사람에 대한 존엄심이 전혀 없다.

그들의 행동은 여러 가지 부정적 성격에 의해 지배를 받는다. 그 가운데 하나가 충동성이다. 계획을 세울 때에도 깊이 생각하지 않고 충동적으로 처리한다. 그러고 나서 곧 후회한다. 그들은 도덕적 행동규범도 충동적으로 결정한다. 그들은 자신의 행동에 따르게 될 고통을 전혀 생각하지 못한다. 정상인과는 전혀 다른 생각을 갖는다.

지금 우리에게는 사이코패스에 대한 정확한 진단 수단이 없다. 다행히 헤어의 체크리스트가 있어 편리하게 쓰여지고 있을 뿐이다. 이 체크리스트에 의해 사이코패스는 도덕적 사고기능이 결여된 사람, 혹은 적절한 도덕적 정서가 결여된 사람, 더 나아가서는 이 두 가지 기능이 모두 결여된 사람으로 진단되고 있다. 인간의 행동은 판단하기가 쉽지 않다. 의학의 아버지라고 불리는 그리스의 의사 히포크라테스(Hippocrates)도 모든 판단은 쉽지 않다는 말을 남겼다.

철학자들에 의하면 사이코패스는 도덕적 책임감이 없거나 있다고 해도 그것이 크게 쇠퇴된 상태라고 한다. 하지만 이것이 모든 철학자가 공감하는 주장은 아니다.

영국의 안토니 더프(Antony Duff, 1920-2000)는 죄를 용서하는 것과 그에 대한 죄를 감면하는 것은 깊이 생각해야 한다고 주장한다. 자신의 죄에 대해 용서를 받고자 하는 사람은 자신의 행동에 대해 도덕적 책임을 져야 한다. 이는 그의 죄에 대한 처벌을 감면하거나 처벌을 면제해 주는 것이 아니다.

죄를 감면받은 사람이 도덕적으로 죄가 없는 것은 아니기 때문이다. 주위 사람들에게 위험한 행동을 하는 사람이 생기면 그를 감금하는 경우가 있다. 이는 처벌수단으로 주어지는 것이 아니다. 그를 보호하고, 다른 사람을 보호하기 위한 일시적 수단에 불과하다. 남의 물건을 훔치면 벌을 받아야 한다. 그러나 남의 강요에 의해 훔치는 경우가 있다. 이들에게는 도덕적 책임이 없다.

하느님의 지시를 받고 물건을 훔쳤다고 주장하는 경우도 있다. 이는 망상으로 도덕적 비난과 책임을 면할 수 있다. 그러나 법률적 책임을 지우는 것은 고려할 필요가 있다. 더프는 망상과 인지적 장애에서 오는 반사회적 행동과 정서적 이상에서 오는 반사회적 행동은 엄격하게 구분해야 한다고 주장한다. 망상은 정신건강의학과적 치료를 요하는 정신병의 한 증후로 법률적 해석이 수반되어야 한다.

여기서 매우 심한 우울증에 빠진 사례를 살펴보자. 그는 삶의 의미를 상실하고 자기의 가족을 살해하고 자살을 기도하였다. 환자는 자신의 죽음에 대해 어떤 답도 하지 못한다. 그는 자신의 행동에 대해 어떤 이성을 가지고 있는지에 대해 아무런 대답도 하지 못했다. 사이코패스는 유사한 자신의 범죄에 대해 도덕적 책임을 질 수 없다. 그는 도덕성을 잘 이해하지 못한다. 도덕성이 무엇인지를 이해한다는 것은 도덕적으로 책임을 진다는 것을 의미한다.

뉴질랜드 오타고대학교 생명윤리학 교수 그랜트 젤레트(Grant Gillett)의 접근방법은 좀 이색적이다. 그는 사이코패스를 이해능력 장애자가 아니라 의지의 장애자라고 규정한다. 사이코패스는 자신의 범행 사실을 잘 이해하고 있다. 그러나 이해한 것을 행동으로 옮기지 못할 뿐이라고 한다.

듀크대학교의 철학 및 정신의학 연구집단에 속하는 로날드 드 소우사(Ronald De Sousa)와 더글러스 하인리히크스(Douglas Heinricus)는 악의 뿌리를 신경과학의 지식으로 제거할 수 있다고 주장해서 많은 사람의 관심을 끈 적이 있다. 인간의 행동을 도덕심과 신경과학의 지식만으로 어떻게 설명하는가? 이에 대한 답을 얻기 위해 남편이 사이코패스에 의해서 살해된 여인의 사례를 보자.

그 여인은 자기 남편의 죽음이 법원 판결에서 분명하게 밝혀지기를 희망하였다. 여기서 사이코패스에게 자신의 범죄 사실을 도덕적으로 어떤 책임이 있다고 생각하느냐가 중요하다. 그녀는 낡은 자유의지와 사악한 사건에 대한 낡은 생각을 버리고 인간행동에 대한 새로운 평가 개념의 도입이 필요하다고 주장한다.

이와 같은 요구는 순수한 자연과학 지식만으로는 충족시킬 수 없다. 그것은 건전한 철학적 지식을 요구한다. 행동에 있어서 의식적 충고는 부수현상에 지나지 않는다. 여기서 그들의 뚜렛 증후와 사이코패스 증후는 엄격하게 구분되어야 한다. 사이코패스의 태도는 어떤 중추적 처리능력을 기초로 발달한다.

옥스포드대학교 신경윤리학 교수 닐 레비(Neil Levy)는 사이코패스에 대한 심리학적 연구에 특별한 관심을 가진 철학자이다. 그의 주장에 따르면 도덕적 성장은 건전한 정동적 반응기능을 요구한다고 한다.

사이코패스는 이 건전한 정동적 반응기능이 결여되어 있다. 도덕성은 진화의 산물로서 우리에게 정상적인 도덕적 반응능력을 향상시켜 준다. 사이코패스는 사람들에게 도덕적 규범이 있다는 사실을 잘 알고 있다. 불행하게도 그들은 그것이 통상적 규범과의 차이를 이해하지 못한다.

사이코패스의 추리능력에서는 큰 결함이 있다는 객관적 사실을 입증해 주었다. 레비는 그의 2011년 저서에서 모든 사람에게 일률적으로 도덕적 책임을 지울 수 없다고 주장했다. 사이코패스와 정상인의 구별에 지나치게 신경 쓸 필요가 없으며, 사이코패스는 비합리적 사고에 의해 지배되고 있기 때문에 법률적 책임감을 모면할 수 있다고 하였다.

또 사이코패스에게는 도덕적 지식은 물론 그에 관계되는 어떤 지식도 없고 도덕적으로 자신의 통제가 불가능하다고도 하였다. 도덕적 책임을 다하는 데는 그에 관계되는 도덕적 지식이 필요하지만, 불행하게도 그들에게는 이런 지식이 없다고 하였다.

매쿼리대학교 교수 지넷 케넷은 매우 절충적 입장을 취하고 있는 철학자이다. 그녀는 사이코패스에게는 도덕적 기능이 결여되어 있다는 점을 강조한다. 케넷은 도덕적 판단의 참된 의미는 무엇인가하는 문제를 제기하였다. 그녀는 외현성 도덕성과 내현성 도덕성으로 양분해서 그 기능을 설명하고 있다. 외현성 도덕성은 자신의 잘못에 대한 도덕적 책임을 느끼지만 그것을 행동으로 표출하지는 못한다. 이와 달리 내현성 도덕성은 도덕적 판단 능력이 크게 떨어지기 때문에 행동으로 옮기지 못한다.

캐나다 캘거리대학교 교수 이쉬티야크 하지(Ishtiyaque Haji)에 의하면 우리 사회의 통념상 도덕적 규범을 어기는 것은 다른 규범을 어기는 것보다 나쁘다고 한다. 사이코패스는 자신의 행동이 부도덕적이라는 사실을 인지하지 못하므로 도덕적 책임이라는 것이 어떤 것인지도 잘 모른다고 한다. 또 그들은 도덕적 책임 능력이 없다고도 한다. 개인의 행동에는 책임성이 보장되어야 한다. 따라서 진실성이 요구된다. 불행하게도 사이코패스의 행동에는 진실성이 보장되지 않는다.

메릴랜드대학교 도덕심리학 및 도덕철학 교수 퍼트리샤 그린스펀 (Patricia Greenspan)은 2001년 그의 수필집 『유전인자, 전자전달물질, 그리고 자유의지(Genes, Electrotransmitter, and Free will)』에서 범죄자의 행동에 대한 책임은 완전히 변제받을 수 없다는 주장을 펼쳐 큰 논쟁의 대상이 되기도 했다. 그의 주장에 의하면 범죄자는 유전적으로 이어받은 충동성의 특성이 있다고 한다. 이것이 범법행위의 기초를 제공한다. 그럼에도 불구하고 사회는 그것을 무시하고 범죄자는 법률적으로, 또 도덕적으로 자신의 행동에 책임을 져야 한다고 주장한다. 그들의 행동 자체는 사회적 비난을 면할 수가 없다.

범죄자는 그 사실을 설명할 수 있어야 하고 사회는 그의 행동을 도덕적으로 충분히 설명할 수가 있어야 한다. 유전적 결함은 성격 결함으로 이어진다. 사람들은 그를 동정해야 한다. 그는 그 자신을 보호할 능력이 결여되어 있기 때문이다.

사이코패스는 자신의 행동을 책임져야 한다고 캐나다 칼턴대학교의 하이디 마이 봄(Heidi Mai bom)은 주장한다. 사이코패스는 법률적으로 광인이 아니라 도덕적 광인이다. 사이코패스의 행동에는 법률적으로 책임질 것이 많다. 그는 자신의 행동에 책임을 져야 한다고 주장한다. 그의 행동에는 범법의사가 충분히 있다. 그러므로 그는 법률적으로 책임을 져야 한다.

도덕적 책임도 면할 수가 없다는 것이 하이디 마이 봄의 주장이다. 불행하게도 사이코패스에게는 도덕적 책임을 수행할 능력이 없다. 이런 주장에 대한 확실한 근거는 아직 없다. 도덕적 책임은 건전한 정동심이 뒷받침되어야 한다.

사이코패스는 도덕적 책임을 지는 데 필요한 동정심, 종교, 명예 등이 필요하다. 불행하게도 그들의 동정심 수준은 크게 손상되어 있다. 그래도 도덕성이 무엇인지는 잘 안다. 그것은 동정심의 가치를 이해하는 기반이 아니기 때문이다.

동정심은 도덕적 가치의 기반은 될 수 없으나 도덕적 가치를 이해하는 데는 도구의 역할을 한다. 동정심은 정서적 학습의 도구를 제공한다. 이 도덕에 대한 학습 없이는 도덕에 대한 건전한 이해가 불가능하다. 따라서 동정심이 결여되었거나 혹은 동정의 기능이 쇠퇴된 사이코패스에게 정서적 학습을 시키거나 도덕을 이해시키는 것은 큰 의미가 없다. 이들과는 달리 이성과 도덕적 이성의 연결에 있어서 사이코패스에게는 법적 책임과 도덕적 책임이 없다는 철학자들의 주장도 있다.

미주리대학교 법학 교수 폴 리턴(Paul Litton)에 의하면 사이코패스의 도덕적 사고기능과 도덕적 추리기능은 크게 떨어진다고 한다. 또 그들은 자신의 죄에 대한 설명기능도 높지 않다. 이와 같은 결함은 곧 도덕적 책임의 결여로 이어지며 이는 곧 이성의 결함으로 이어진다. 사이코패스의 생각은 변덕이 심하고 그의 행동은 비지적이다. 또한 사려가 부족하며 비이성적으로 행동한다. 이는 곧 법적, 도덕적 책임이 결여된 행동으로 이어진다.

일반적으로 사이코패스에게는 도덕적 책임을 물을 수 없다는 것이 제임스 블레어(James Blair)의 주장이다. 이와는 달리 사회는 그들에게 그들의 행동에 대한 법적 책임을 지워야 한다는 강한 요구를 가지고 있다. 그들의 주장에 의하면 사이코패스는 자신들의 행동을 다스리는 규칙이 자기에게 있다는 점을 알고 있다. 이것은 사이코패스에게 법적 책임을 묻는 데 필요한 유일한 요구조건이다. 그러므로 사이코패스는 사회 규범을 어기면 책임을 져야 한다고 스스로 생각할 수 있다고 주장하고 있다.

사이코패스의 사고과정 특성은 몇 가지 점에서 정상인의 사고과정의 특성과 다르다. 그들은 잠재적 위협에 직면하게 되면 정상적인 정서반응을 하지 못한다. 블레어는 다른 철학자들과는 달리 사이코패스는 자신의 행동에 법적 책임을 져야 한다고 생각한다. 다만, 그들은 폭력 제지 능력이 결여되어 있기 때문에 불합리하게 의사결정을 한다.

툴레인대학교 철학 교수 데이비드 슈메이커(David Shoemaker)는 법을 위반한 사이코패스에게 사회는 엄격하게 법적 책임을 물어야 한다고 주장한다. 왜냐하면 그에게는 법률 지식이 있고 어떤 결과가 올 것이라는 점을 충분히 알고 있기 때문이다.

사이코패스에게는 도덕적 이성이 없다. 신경과학자들의 발견을 기초로 한 철학자들의 주장은 매우 높은 신빙성이 보장되고 있다. 사실 사이코패스의 행동에 법적 책임과 도덕적 책임을 묻는 것은 타당한가? 법적 책임은 물을 수 있으나 도덕적 책임은 물을 수 없는 경우, 도덕적 책임은 물을 수 있으나 법률적 책임은 물을 수 없는 경우가 있다.

이러한 경우 상황 판단은 쉽지 않다. 이와 같은 상황에서 문제해결을 위해 철학자들의 도움을 받을 필요가 있다. 그들은 이렇게 조언할 것이다. 즉, 사이코패스의 행동은 순수한 법적 지식이나 순수한 도덕 생활규범만으로는 이해될 수 없다.

이와 같은 사이코패스의 책임 문제는 심리학자, 정신건강의학과 의사, 사회학자, 그리고 철학자들이 공동으로 해결해야 할 과제이고 이 과제를 풀기 위해 그들이 꾸준히 토론을 계속하고 있으나 확실한 대답은 내놓지 못하고 있다.

이와 같은 난제 해결을 위해 신경과학자들도 적극적으로 참여하고 있다. 이들은 발달한 최신 뇌과학의 기술을 바탕으로 새로운 사실을 주장하고 있다. 이들의 발견을 받아들인 철학자들의 주장은 사이코패스의 행동을 이해하고 그들의 행동에 대한 책임을 묻는 데 믿음직한 근거가 되었다.

사이코패스에 대한 신경과학적 연구는 여러 가지 귀중한 정보를 제공해 주었다. 그들은 정서적 기능 손상이 도덕적 판단기능도 손상시킨다는 주장을 한다. 반사회적 행동은 법적 처벌이 주어지지만 행동 변화가 따르지 않는다. 이와 같은 사실은 복내측 전전두피질(VMPC)의 손상이 사이코패스의 행동에 큰 영향을 준다는 신경과학적 발견에서 그 원인을 찾을 수 있다. 이와 같은 발견을 철학자들도 수용하고 있다.

부록

PSYCHO
PATH

허비 클렉클리 정신병리 증후표

증후	1	2
1. 표면상으로는 매우 매력적이고 지적 수준은 평균 혹은 그 이상으로 높아 보인다.	☐	☐
2. 망상이나 비합리적 사고의 증후가 있다.	☐	☐
3. 불안이나 신경증적 증후가 없다.	☐	☐
4. 신의가 없고, 책임감이 없고, 복종심이 없다.	☐	☐
5. 진실성과 순수성이 없다.	☐	☐
6. 반사회적 행동, 부적절한 동기, 계획성의 결여, 충동적 행동	☐	☐
7. 부적절한 동기에 의한 반사회적 행동을 한다.	☐	☐
8. 판단력이 부족하고 경험을 통해서 새로운 것을 학습하지 못한다.	☐	☐
9. 전적으로 자기중심적이고, 진정한 사랑과 애착심이 없다.	☐	☐
10. 깊이가 있고 장기간 지속되는 정서의 결여	☐	☐
11. 참된 통찰력 결여, 자기와 타인의 행동을 이해하는 능력의 결여	☐	☐
12. 특별한 매력, 친절, 신의 결손	☐	☐
13. 매우 부적절한 행동 (음주와 무관한 범속, 무례, 기분의 변화, 장난기 있는 오락을 한다.) 음주와는 상관없이 기이하고 불쾌한 행동을 한다. 음란, 건방, 심한 기분 변화, 시시한 장난	☐	☐
14. 진짜로 자살시도를 한 적이 없다.	☐	☐
15. 비인간적이고, 경박하고, 무차별한 성생활을 한다.	☐	☐
16. 삶의 계획 수립에 실패	☐	☐

평가방법 및 결과의 해석

증후가 자신의 행동 특성과 일치하면 2에, 그렇지 않으면 1에 체크한다.

1번에서 16번까지 표기가 끝나면 누락된 것이 없는지 확인한다. 최고점은 32점이고 최저점은 16점이다. 점수가 평균보다 높으면 전문가와 상의해 볼 필요가 있다.

이 검사는 클렉클리가 교도소에 수감 중인 죄수들의 행동에서 눈의 띄게 나타나는 것을 종합한 것으로 다른 심리검사와 같이 처음부터 검사 형태로 개발한 것은 아니다.

로버트 헤어 정신병리 체크리스트–
개정판 (PCL-R)

문항	0	1	2
1. 구변이 뛰어나고 피상적 매력을 지닌다.	☐	☐	☐
2. 자기가치의 과대평가	☐	☐	☐
3. 신기성, 위험추구, 쉽게 지친다.	☐	☐	☐
4. 병적 거짓말	☐	☐	☐
5. 교활한 속임수	☐	☐	☐
6. 죄책감이나 후회 없음	☐	☐	☐
7. 인정이 없음	☐	☐	☐
8. 동정심 부족	☐	☐	☐
9. 타인에게 기생하는 생활	☐	☐	☐
10. 행동통제 미숙	☐	☐	☐
11. 난잡한 성행위	☐	☐	☐
12. 조기발생 문제행동	☐	☐	☐
13. 현실적 장기적 생활목표 없음	☐	☐	☐
14. 충동성	☐	☐	☐
15. 무책임	☐	☐	☐
16. 자기행동에 대한 책임 회피	☐	☐	☐
17. 모든 일을 장기간 지속 못한다.	☐	☐	☐
18. 비행소년	☐	☐	☐
19. 가석방 취소	☐	☐	☐
20. 다양한 범죄	☐	☐	☐

평가방법 및 결과의 해석

자신의 범죄나 행동과 전혀 관계가 없을 때에는 0, 부분적으로 관계가 있을 때에는 1, 그리고 전체적으로 관계가 있을 때에는 2에 체크한다.

30점 이상은 전문가와 상담할 필요가 있고 22점 정도는 사이코패스는 아니지만 범죄성향이 있으며 19점 정도는 여성 범법자에서 쉽게 발견되고 5점 정도는 범죄성향이 없는 정상인으로 진단할 수 있다.

이 검사는 헤어가 범죄자의 특성을 평가하기 위해 만든 것으로 정신측정학적 과정을 거친 것은 아니다.

트라이 아키크 피엠 검사

문항	0	1	2	3
1. 나는 낙관적일 때가 많다.	☐	☐	☐	☐
F 2. 나는 다른 사람이 어떤 느낌을 가지는가에 신경을 쓴다.	☐	☐	☐	☐
3. 나는 때로는 눈앞의 욕구 충족을 위해 행동하는 때가 있다.	☐	☐	☐	☐
F 4. 나는 비행기에서 낙하산을 타고 탈출하고 싶은 욕심은 없다.	☐	☐	☐	☐
5. 나는 약속을 지키지 못하는 일이 자주 있다.	☐	☐	☐	☐
6. 나는 빠른 속도를 내는 사냥을 즐기고 싶다.	☐	☐	☐	☐
7. 나는 선천적으로 스트레스를 잘 이겨낸다.	☐	☐	☐	☐
8. 나는 다른 사람이 나를 해쳐도 신경 쓰지 않는다.	☐	☐	☐	☐
9. 나의 충동적 결심이 사랑하는 사람과의 문제를 일으킨다.	☐	☐	☐	☐
F 10. 나는 겁을 잘 낸다.	☐	☐	☐	☐
F 11. 나는 다른 사람에게 문제가 생기면 동정을 한다.	☐	☐	☐	☐
12. 나는 전화 연락도 없이 일자리를 잃은 적이 있다.	☐	☐	☐	☐
13. 나는 선천적으로 리더소질을 가지고 태어났다.	☐	☐	☐	☐
14. 나는 몸싸움을 즐긴다.	☐	☐	☐	☐
15. 나는 앞뒤를 생각하지 않고 일을 착수한다.	☐	☐	☐	☐
F 16. 내가 원했던 대로 만회시키는 데 많이 어려웠다.	☐	☐	☐	☐
17. 모욕을 갚는다.	☐	☐	☐	☐
18. 학교 결석이 너무 많아 문제가 있다.	☐	☐	☐	☐
19. 나는 높은 사람을 사로잡는 기술이 있다.	☐	☐	☐	☐

20. 심한 고통을 받는 사람을 목격해도 아무렇지도 않다.	☐	☐	☐	☐
F 21. 나는 내 자신을 잘 통제한다.	☐	☐	☐	☐
22. 나는 준비 없는 새 환경에 잘 적응한다.	☐	☐	☐	☐
23. 나는 때때로 배짱 센 사람과 사귄다.	☐	☐	☐	☐
24. 나는 양해를 구하지 않고 다른 사람의 지갑이나 호주머니에서 돈을 꺼낸 적이 있다.	☐	☐	☐	☐
F 25. 나는 내 자신이 재주가 뛰어난 사람이라고 생각하지 않는다.	☐	☐	☐	☐
26. 나는 사람들을 감동시킬 수 있다고 생각한다.	☐	☐	☐	☐
27. 나의 믿음을 악용하는 사람이 있다.	☐	☐	☐	☐
28. 다름 사람에 비해 가진 것이 적다고 생각된다.	☐	☐	☐	☐
29. 나는 다른 사람에게 상처를 주고도 걱정되지 않는다.	☐	☐	☐	☐
F 30. 내가 한 약속은 꼭 지킨다.	☐	☐	☐	☐
31. 나는 때때로 지쳐서 흥미를 잃는 일이 있다.	☐	☐	☐	☐
32. 다른 사람에게 상처를 준 것을 곧 잊어버린다.	☐	☐	☐	☐
F 33. 다른 사람의 감정에 대해 예민하게 반응한다.	☐	☐	☐	☐
34. 돈을 얻기 위해 사기 행각을 벌인 적이 있다.	☐	☐	☐	☐
F 35. 사전 지식 없이 생소한 곳에 가면 불안해진다.	☐	☐	☐	☐
36. 사람에게 동정심을 베풀지 않는다.	☐	☐	☐	☐
37. 나의 행동결과를 고려하지 않은 것은 걱정이 된다.	☐	☐	☐	☐
38. 사람들에게 내가 원하는 것을 하라고 설득할 수 있다.	☐	☐	☐	☐
F 39. 나에게는 정직이 최선이다.	☐	☐	☐	☐
40. 나는 상대방이 고통받는 것을 보기위해 고통을 준다.	☐	☐	☐	☐

F 41. 집단을 리드하는 것을 선호하지 않는다.	☐	☐	☐	☐
42. 나는 때때로 상대방의 반응을 보기 위해 그를 괴롭힌다.	☐	☐	☐	☐
43. 나는 대금을 지불하지 않고 물건을 빼내온다.	☐	☐	☐	☐
F 44. 쉽게 기회를 붙잡는다.	☐	☐	☐	☐
45. 조그만 위협이 따르는 일이 흥미가 있다.	☐	☐	☐	☐
46. 내가 바라는 것을 얻기 위해 기다리는 것은 고통스럽다.	☐	☐	☐	☐
F 47. 되도록이면 위험한 곳에 가까이 가지 않는다.	☐	☐	☐	☐
48. 다른 사람을 해칠 위험이 있는 일에 신경을 쓰지 않는다.	☐	☐	☐	☐
49. 나는 무책임한 나의 행동 때문에 친구를 잃는다.	☐	☐	☐	☐
F 50. 다른 사람과 비교하지 않는다.	☐	☐	☐	☐
51. 나에게 자기통제 능력이 부족하다는 것을 말해주는 주위 사람들이 많다.	☐	☐	☐	☐
F 52. 나는 다른 사람의 감정을 잘 이해한다.	☐	☐	☐	☐
53. 나는 약탈한 적이 있다.	☐	☐	☐	☐
54. 다른 사람에게 누가 되지나 않을까 하고 걱정하는 일은 없다.	☐	☐	☐	☐
55. 주위 사람들이 나를 해쳐도 아무렇지도 않다.	☐	☐	☐	☐
56. 나의 무책임한 행동 때문에 어려운 문제가 생겼다.	☐	☐	☐	☐
F 57. 나는 다른 사람에게 영향을 주지 못한다.	☐	☐	☐	☐
58. 차 속에서 물건을 훔친 적이 있다.	☐	☐	☐	☐

＊ F표시는 역으로 채점한다.

트라이 아키크 피엠의 3차원 및 그 주요 도메인은 다음과 같다.

차원/문항	주요 도메인
Ⅰ. 탈제지성(20) 3, 5, 9, 12, 15, 18, 21, 24, 27, 30, 31, 34, 37, 43, 46, 49, 51, 53, 56, 58	충동적 / 자제력부족 공격적 / 불신 / 정서통제 곤란
Ⅱ. 철면피성(19) 1, 4, 7, 10, 13, 16, 19, 22, 25, 28, 32, 35, 38, 41, 44, 47, 50, 54, 57	자신감 / 모험심 / 사회적 우월성 모험추구 / 자기 주장 /침착
Ⅲ. 비열성(19) 2, 6, 8, 11, 14, 17, 20, 23, 26, 29, 33, 36, 39, 40, 42, 45, 48, 52, 55	동정심 없음 / 애착심 결여 반항적/ 잔인 / 반골기질

세 가지 도메인은 58개의 자아평가 문항으로 구성되었으며 모든 문항에 대한 총화를 내면 개인의 사이코패스의 수준을 측정할 수 있다.

C-U 차원 검사

부주의	예	아니요
*1. 나는 열심히 일한다.	☐	☐
2. 나는 내가 하는 일에 열성을 다한다.	☐	☐
3. 나는 언제나 최선을 다한다.	☐	☐
4. 남에게 호감 주는 일을 한다.	☐	☐
5. 나는 내가 기분이 상하게 한 사람에게 미안하다고 사죄한다.	☐	☐
6. 내가 잘못을 범했을 때에는 사죄한다.	☐	☐
7. 나는 나의 잘못을 쉽게 받아들인다.	☐	☐
8. 나는 다른 사람의 감정을 건드리려고 하지 않는다.	☐	☐

냉담	예	아니요
1. 나는 잘한 일에 신경을 쓰지 않는다.	☐	☐
2. 나는 잘 나가는 일에 시간을 투자하지 않는다.	☐	☐
3. 나는 잘못에 대해 후회하지 않는다.	☐	☐
4. 지나가는 시간에 신경을 쓰지 않는다.	☐	☐
5. 내가 어려운 일에 직면해도 전혀 신경을 쓰지 않는다.	☐	☐
6. 나는 냉정해 보이고 다른 사람에게 무관심한 것처럼 보인다.	☐	☐
7. 다른 사람의 감정을 나에게 주문하지 않다.	☐	☐

* 역으로 채점

8. 내가 원하는 것을 방해해도 관심을 쓰지 않는다. □ □

9. 다른 사람의 감정에 깊은 관심이 있다. □ □

10. 순조롭게 진행되는 일에 시간을 투자하지 않는다. □ □

11. 내가 좋고 나쁘다고 생각하는 것은 다른 사람이 생각하는 □ □

   것과 다르다.

무감정	예	아니요
1. 나는 내 감정을 다른 사람에게 표출해 보이지 않는다.	□	□
2. 나는 내 감정을 공개한다.	□	□
3. 나는 내 감정을 숨긴다.	□	□
4. 내가 느끼는 것을 쉽게 이야기한다.	□	□
5. 나는 감정을 잘 표출한다.	□	□

평가방법 및 결과의 해석

자기의 주장이나 생각과 일치하면 예에, 상반될 때에는 아니요
에 체크한다. 총점수를 내고 그것을 바탕으로 자신의 특성을 평가
한다.

저자 소개

이현수

현 중앙대학교 사회과학대학 심리학과 명예교수

〈저서〉
『근거중심의 정신병리학』(하나의학사, 2016)
『한국판 아이젱크 성격검사』(학지사, 2012)
『성격과 행동』(학지사, 2001)

뿌리 없는 광란
사이코패스

2019년 2월 20일 1판 1쇄 발행
2021년 9월 25일 1판 2쇄 발행

지은이 • 이 현 수
펴낸이 • 김 진 환
펴낸곳 • (주) **학지사**
　　　　04031 서울특별시 마포구 양화로 15길 20 마인드월드빌딩 5층
대표전화 • 02) 330-5114　　팩스 • 02) 324-2345
등록번호 • 제313-2006-000265호

홈페이지 • http://www.hakjisa.co.kr
페이스북 • https://www.facebook.com/hakjisabook

ISBN 978-89-997-9260-1　03180

정가　13,000원

이 도서의 국립중앙도서관 출판시도서목록(CIP)은 서지정보유통지원시스템
홈페이지(http://seoji.nl.go.kr)와 국가자료공동목록시스템(http://www.nl.go.kr/kolisnet)
에서 이용하실 수 있습니다.
(CIP제어번호: CIP2019005960)

출판 · 교육 · 미디어기업 **학지사**

간호보건의학출판 **학지사메디컬** www.hakjisamd.co.kr
심리검사연구소 **인싸이트** www.inpsyt.co.kr
학술논문서비스 **뉴논문** www.newnonmun.com
원격교육연수원 **카운피아** www.counpia.com